行为经济学视角下的义务教育均等化研究

何玉梅　〔德〕乌韦·杜莱克　〔德〕乔纳森·福肯　〔葡〕朱莉安娜　著

东南大学出版社
SOUTHEAST UNIVERSITY PRESS
·南京·

图书在版编目(CIP)数据

行为经济学视角下的义务教育均等化研究/ 何玉梅
等著. —南京:东南大学出版社,2017.2
　　ISBN 978-7-5641-6990-9

　　Ⅰ.①行… Ⅱ.①何… Ⅲ.①义务教育—研究—中国
Ⅳ.①G522.3

中国版本图书馆 CIP 数据核字(2016)第 322957 号

行为经济学视角下的义务教育均等化研究

出版发行	东南大学出版社	
社　　址	南京市四牌楼 2 号　　邮编　210096	
出 版 人	江建中	
网　　址	http://www.seupress.com	
电子邮箱	press@seupress.com	
经　　销	全国各地新华书店	
印　　刷	虎彩印艺股份有限公司	
开　　本	700mm×1000mm　1/16	
印　　张	10.25	
字　　数	178 千	
版　　次	2017 年 2 月第 1 版	
印　　次	2017 年 2 月第 1 次印刷	
书　　号	ISBN 978-7-5641-6990-9	
定　　价	28.00 元	

本社图书若有印装质量问题,请直接与营销部联系。电话(传真):025-83791830

前 言

Preface

在中国,义务教育作为一项重要的教育权利立法,到 2016 年已经整整 30 年了。30 年回首来时路,用"路漫漫其修远兮,吾将上下而求索"这句话来描述我国义务教育普及和均等化的过程,再恰当不过。

根据我国的《义务教育法》,义务教育具有三个方面的特征:公益性、统一性和义务性。我国提出了国家中长期教育改革和规划的目标,希望到 2020 年义务教育实现"全面提高普及水平,全面提高教育质量,基本实现区域内均衡发展",并把均衡发展作为义务教育的战略性任务。最新的统计数据表明[①],我国学前教育毛入学率为 75%,小学净入学率为 99.9%,初中毛入学率为 104%,这说明我国九年义务教育的普及率已经超过世界高收入国家的平均水平。但要实现义务教育的"均衡"目标,从中央政府到地方部门,从学校到老师和家长,都深感无力。现实的状况是,教育资源在城乡、区域和社会群体之间的分布不均状况没有得到根本性改变,在一些大型城市制度性歧视依然存在,择校和"学区房"的问题重重,出身决定一生命运的隐忧困扰着弱势群体的家庭。

在经济学的教科书里,均衡是市场出清时的完美状态。在现实社会中,无论是价格均衡,还是资源配置均衡,都是一个很难达到的状态,即使能达到,也常常是稍纵即逝。如何兼顾教育的公平和效率?作为一项公益性事业,义务教育究竟有没有可能实现从数量均衡到质量均衡?如果有,在中国这样一个户籍制度依然存在、城乡差别较大的转型经济国家里,什么路径是较为稳妥而有效的?除了政府这只看得见的手发挥作用以外,如何借助市场的力量,引导发达地区、优势群体以及普罗大众自觉自愿地为义务教育"均等化"作出努力?

教育的公平和均衡,是教育的理想境界,也是世界上每个国家都要面临的

---

① 数据来源:《2015 年全国教育事业发展统计公报》。

难题。以美国为例,1965 年美国实行平权教育运动,后续的"美国援教"计划(Teach for America)、特许学校体系 KIPP(Knowledge Is The Power Program)、布什在 2002 年初签署实施的《不让一个儿童掉队法》(No Child Left Behind Act)以及奥巴马政府推动的"解除特许学校数量限制"计划。在这些"平权"运动中,政府试图通过政策手段促进教育公平、提高教育质量,但有证据表明,在过去十年,美国教育机会不平等日益加剧,而且已经影响到了社会阶层的流动。OECD 发布的 PISA[①] 测试(阅读、数学和科学)表明,美国基础教育的质量低于一般水平。诺贝尔经济学奖获得者斯蒂格利茨教授在《不平等的代价》一书中,表达了对美国教育机会不平等的忧虑。当然,世界上一些国家有着令人羡慕的教育,他们似乎找到了通向教育均衡的途径。例如芬兰,在这个北欧国家,教育均等化的意识深入人心,其基础教育的质量也令世界瞩目。在历年的 PISA 测试中,芬兰的表现一直稳居世界前列。

观察其他国家和社会的历史发展,经过比较分析可以了解各国为推动教育均等化所做的努力和选择的路径,但要真正把握其中的发展逻辑,尤其归纳出普适性的一般性规律,还需要借助严密逻辑体系,通过建立理论框架,使用科学的研究方法,提出假设、用实证数据验证假设,得出有建设性的政策建议。

本书的逻辑主线是义务教育均等化的"what-why-how",沿着从概念、问题、假设、证据以及结论和观点的思路展开。本书共五章,主要内容概括如下:

第一章介绍了义务教育均等化的含义,从我国义务教育的现状出发,结合目前的相关学术研究,探讨从不同视角研究义务教育均等化的学术价值和现实意义;回顾了我国义务教育均等化的历史过程,分析了政策演变的内在逻辑;分析了我国义务教育均等化过程中存在的问题。

第二章介绍了行为经济学的起源和发展,讨论了行为经济学在教育领域的应用研究,着重介绍运用实验经济学的方法来研究教育机会、教育过程和教育结果的平等问题。

第三章讨论了身份认同的定义以及与身份认同相关的行为经济学研究,通过一个劳动力市场博弈行为实验,研究了中国户籍制度对身份认同和行为决策

---

① PISA(Program for International Student Assessment),即国际学生评估项目的缩写,是一项 OECD 组织进行的三年一次的学生能力国际评估项目。主要对接近完成基础教育的 15 岁学生进行测试,主要评估阅读素养、数学素养及科学素养三个方面的知识与技能。

的影响,进而分析农民工随迁子女的身份认同和义务教育状况。最后,通过一个平权运动实验,分析了教育均等化政策对教育投入和绩效的影响。

第四章介绍了同伴效应及其相关研究在教育领域的进展,分析了同伴效应、身份认同和群分效应对教育机会、过程和结果的影响,并从同伴效应视角探讨了教育政策的理论和实践;通过一个简单的同伴效应实验,分析当身份认同与同伴效应同时存在的情况下对教育结果的影响。

第五章探讨了互联网科技与教育的融合对促进义务教育均等化、实现教育公平和均衡的重要作用,分析了世界各国促进义务教育均等化的路径和政策,对未来教育的发展趋势进行了展望。

本书的理论框架建立在行为经济学的基础之上,运用了实验经济学、计量经济学和案例研究的方法,注重逻辑推理和实证研究,这是本书区别于其他研究义务教育问题的学术著作的地方,也为今后该方向的后续研究提供了有益的探索。

本书是国际学术合作的成果,作者中有三位外国学者,本书所涉及的行为经济学理论和实验研究均来自与他们的合作。一位是来自澳大利亚昆士兰科技大学的乌韦·杜莱克教授,另外两位是乌韦·杜莱克教授的学生,他们分别是乔纳森·福肯博士(现在欧洲委员会比利时研究部工作)和学者朱莉安娜(乌韦·杜莱克教授的博士后)。乌韦·杜莱克教授和乔纳森·福肯博士都是德国人,在与他们的合作中,我学习到了很多除了学术以外的东西——严谨、认真的工作作风和精益求精的专业态度。

囿于能力与时间因素,本书内容不可避免地存在疏忽与不当之处,恳请读者不吝赐教,在此,还要感谢东南大学经济管理学院的张向阳副教授,她为我们的研究提供了很多帮助和支持;感谢东南大学经济管理学院的孙燕青、李楠、陈斐倩、蔡清华、陈至人、朱航泽、王书言、罗诗然、陈琪、张雅薇等同学,他们有些在行为实验过程中担任了实验助理的工作,有些帮助我做问卷调查、收集和整理数据;感谢澳大利亚昆士兰科技大学对本书涉及的实验研究提供了支持。

本书是教育部人文社会科学研究项目"农民工随迁子女的身份认同、同伴效应与义务教育均等化:基于行为实验的研究"(11YJCZH055)的研究成果,也得到了东南大学基本科研业务费(3214001502)对本研究的资助。在此一并致谢。

目 录

Contents

第一章　义务教育均等化的含义

真正的教育，无论内容如何，都最倾向于让人与人之间的关系更文明、更人性。

——柏拉图

一个普遍的共识是，教育的命运与社会的命运总是紧密纠缠在一起。

——德里达

一、教育不平等的起源

教育随着人类社会的产生而产生，是促进人类文明进化的重要活动，与人类社会的发展共始终。因此，教育的不平等，究其根本源于人类社会的不平等。孔子在《论语·季氏》中提出："丘也闻有国有家者，不患寡而患不均，不患贫而患不安。盖均无贫，和无寡，安无倾"。孔子所言的"不均"产生的前提是"有国有家者"，指的就是与其他人之间存在关系互动的社会人。法国启蒙思想家卢梭在《论人类社会不平等的起源和基础》中写道："人与人之间的差异在自然状态中必定比在社会状态中小得多，而制度的不平等则大大地加深了人类自然的不平等。"卢梭认为，以自然状态为参照，不平等是在社会状态下产生的。在人类文明的进化过程中，人与人之间交往时相互评论的"意见"和"希望被尊重"心性的发展是不平等的基础。孔子与卢梭这两位东西方思想家对不平等起源的看法，有着不谋而合的一致性。

自然的不平等涉及因起始条件不同所获利益不同，而社会不平等是指与利益有关的权利的不同。在社会中不平等是如此常见，而且人类文明的进化并不能完全消除不平等，那么为什么人们还要追求教育平等呢？

（一）教育平等和教育公平

在了解什么是教育平等之前，首先应该明确平等的含义。法国的《人权宣言》把"平等"定义为"人人能够享有相同的权利"。美国图书协会把"平等"定义为每个人都有同等的机会和权利获取在一个公平的环境里可得的沟通渠道和信息来源。我国的《辞海》对于"平等"的定义是这样的："平等是人们在社会上处于同等的地位，在政治、经济、文化等各方面享有同等的权利。"联合国在 1948 年 12 月通过的《世界人权宣言》的第一条就是"人人生而自由，在尊严和权利上一律平等。他们赋有理性和良心，并应以兄弟关系的精神相对待"。这里的"平等"指的是《世界人权宣言》所提及的权利："不分种族、肤色、性别、语言、宗教、政治或其他见解、国籍或社会出身、财产、出生或其他身份等任何区别。并且不得因一人所属的国家或领土的政治的、行政的或者国际的地位之不同而有所区别，无论该领土是独立领土、托管领土、非自治领土或者处于其他任何主权受限制的情况之下。"

自然状态下的人有着天然的差异，自然不平等是不能选择的，也无法进行价值判断。社会不平等其实是一种权利的不平等，不但涉及利益分配，还涉及道德判断。那么，人类社会如果要追求社会平等，应该遵循怎样的原则来判断哪些是应该的，哪些是不应该的呢？早在古希腊时期，亚里士多德就把平等分为两种类型，一种是在数量或大小上与人相同的平等；另一种是与价值或才能成比例的平等。后来的哲学家在亚里士多德的基础上进一步明确了平等的这两个原则，即平等的绝对原则和比例原则。在回答什么是被认可的差别方面，以罗尔斯为代表的哲学家作出了贡献。罗尔斯在他的《正义论》中提出了平等原则，"每个人因其基本贡献完全平等而应享有完全平等的基本权利（完全平等），因其具体贡献不平等而应享有相应不平等的非基本权利（比例平等）"，他认为在基本权利如人权、受教育权等方面应该人人平等，而在非基本权利上面，应该根据贡献的大小决定分配的比例，而不是平等分配非基本权利。就基本权利分配原则与非基本权利分配原则的关系方面，他的观点是基本权利分配原则应该优于非基本权利分配原则，也就是说，当人的基本权利（如生命权、自由权、基本受教育权等）与非基本权利（如财产权、经济收益权等）发生冲突的时候，后者要让位于前者。

在教育领域，综合借鉴先哲们的"平等"思想，不难发现社会共识中的教育平等基本上指的是教育机会和权利的平等。教育是一个促进知识、技能、价值观和道德观念的学习和获得的过程。教育不平等是相对于教育平等而言的。教育平等主要是社会中每个人都在法律上享有受教育的同等权利，不受生理、地域、种族、政治、经济、社会地位、信仰及性别等差异的限制。

教育平等（equality）的概念很容易与教育公平（equity）的概念相混，很多人甚至不将两者区分加以混用。事实上，两者的概念和侧重点还是有一定差异的。教育平等强调的是给定一个公平或资源均匀分布的环境下，每个人享有法律上的受教育的机会和权利。教育平等的概念中弱化了价值判断的问题，更多突出的是个人选择的自由和机会，是一个自下而上的概念。

教育公平强调公平正义的价值观，倡导对社会中的弱势群体进行补偿和援助，使得弱势群体也具有同等的机会和权利接受教育。教育平等强调的受教育的机会和权利。2007 年经济合作与发展组织（OECD）发布了一个教育政策指导性文件，文件中所指的教育公平有两层含义：第一层含义是公正（fairness），是要保证性别、社会经济地位和种族等个人和社会因素不妨碍人达到其能力所允许的教育高度；第二层含义是覆盖（inclusion），就是要保证所有的人都受到基本的、最低标准的教育。例如，文件规定："每个人都应该能够读、写和做简单的算术。"根据教育公平的这个定义，可以看出 OECD 所要强调的是消除歧视，创造一个公平的教育环境，同时要让基础教育普及到每个人。因此，教育公平更多是一种社会价值观取向下的资源配置，体现的是自上而下的思维。

认识到教育平等和教育公平在概念上的差异，有助于进一步理解教育不平等的来源和类型。

（二）教育不平等的类型

卢梭认为人类社会的不平等主要有两种类型，一是"自然或生理上的不平等"，他说，"这种不平等是自然确立的，包括年龄、健康、体力、智力或精神素质方面的不平等"；另外一种不平等是"伦理或政治的不平等"，他认为第二种不平等依赖于人们之间的某种契约，是一种"被认为"的不平等。从卢梭对"不平等"根源的界定出发，可以帮助我们厘清教育不平等的来源和特点。

在现实社会中，由于教育活动本身具有复杂性和多样性的特点，教育不平等的来源很多,但如果按照卢梭的思路来分析,也可以大体分为两种类型:一是由自然禀赋决定的教育不平等,二是由社会契约和人际交往确立的教育不平等。如果按照这个标准来分类,中国目前存在的教育不平等两类兼有,引起社会关注的主要是第二种教育不平等。例如,由于户籍制度所导致的进城务工子女①与城市居民子女在入学机会和享受城市教育福利方面的不平等;地区差异造成的落后地区与发达地区之间在师资水平、设施配置以及教育水平上的不均等;在行政垄断和政府管制下的公立学校和民办学校之间在获取教育资源方面的不平等;收入差距较大的城市精英群体与弱势群体之间在获得优质教育资源上的不平等。

如果按照教育活动的产生、过程和结果来划分,教育不平等又可以分为以下三种类型:第一种,教育机会不平等,是指由于个体在性别、种族、信仰和经济地位等初始条件的不同而获得的受教育机会不同。例如,在中国,由于户籍制度所产生的身份差异导致农民工随迁子女在城市享受优质教育资源方面与城市居民子女有很大差距;在美国相当长的历史时期,黑人学生为主的社区学校获得的政府教育经费低于白人学生为主的学校。第二种,教育过程的不平等,主要是指在教育活动的过程中,给不同的受教育个体不同的对待,这种对待通常含有歧视的成分在其中。例如,学校老师用不同的态度对待不同家庭背景的学生,或者对成绩不好的学生采取歧视的态度。第三种,教育结果的不平等,教育结果通常是指以学业成绩、个体发展目标的实现为衡量的结果。教育结果的不平等是实质上的不平等。若对于背景和能力相同的个体而言,教育结果的不平等就意味着这些个体所获得学业成绩有所差异。按照教育的动态过程对教育不平等进行的划分,有助于从系统解决教育不平等的问题,从整体上把握促进教育均等化发展的路径。

二、义务教育均等化的内涵和特点

(一) 义务教育的经济属性和供给主体

根据 1986 年 4 月制定通过和 2006 年 6 月修订的《中华人民共和国义务教

---

① 进城务工子女指在城市里居住和工作的农村户籍家庭的子女,也叫农民工子女。

育法》(以下简称《义务教育法》)规定,义务教育是国家统一实施的所有适龄儿童、少年必须接受的教育,是国家必须予以保障的公益性事业。实施义务教育,不收学费、杂费。国家建立义务教育经费保障机制,保证义务教育制度实施。义务教育具有普及性、强制性和公益性三大本质特征。首先,和其他层次的教育不同,义务教育普及全国的每个家庭,即凡具有中华人民共和国国籍的适龄儿童、少年,不分性别、民族、种族、家庭财产状况、宗教信仰等,依法享有平等接受义务教育的权利,并履行接受义务教育的义务。其次,义务教育强制性是指义务教育是以法律保障的,公民必须接受的基本教育。义务是一种承诺,是指主体所承担的不可撤销、也不可转让的法律责任。其强制性包含对适龄儿童必须接受义务教育的强制性,对家长、学校和政府的必须履行义务教育责任的法律强制性。公益性是指义务教育是不以营利为目的的公共事业,在免除学费的基础上,对农村而言,从 2006 年到 2007 年全部免除学费、杂费;对城市而言,从 2008 年秋季学期开始,在全国范围内全部免除城市义务教育阶段学生学杂费。2015 年国家规定教科书价格"按照微利原则确定"。

从义务教育的本质特征来看,义务教育具有非排他性的经济特性,属于公共品的范畴,但是如果考虑公共教育资源的质量差别、地区差异等因素时,义务教育又具有一定程度的竞争性。在公共财政理论中,义务教育被认为是一种"准公共品"。Buchanan(1965)、Stiglitz(1971)等人认为,不同时具有非竞争性和非排他性的产品就是准公共品。根据植草益(1992)的研究,准公共品可按竞争性和排他性的强弱进行划分。因此,义务教育属于一种非排他、有一定竞争性的准公共品。

关于准公共品的供给,由于兼有公共品和私人品的特征,可能面临"市场失灵"和"政府失灵"的双重困境。较多的学者认为准公共品应当由政府出面,采取直接供给或者对生产者加以补偿的间接供给方式(曲创、臧旭恒,2004;李郁芳,2005)。另一些学者认为,由于存在政府决策失效、公共预算扩张、公共品供给低效以及寻租等"政府失灵"问题,为政府以外的市场供给提供了可能(张维迎,1996;陈武平,2000)。另外,根据对非营利组织的研究与实践发现,作为准公共品的供给者,非营利组织也存在着诸如慈善不足、业余主义等"志愿失灵"问题,因而政府和非营利组织可以根据组织特征上的互补性,建立合作关系,共同完成准公共品的供给(Salamon,1994)。当供给主体是非营利性民间公益组织时,"搭便车"和非排他问题不再成为准公共品供给的制约因素(王廷惠,2006)。

学术界对准公共品的研究,为我们深入理解义务教育的有效供给提供了思路。事实上,世界各国提供义务教育的主体主要是政府、非营利组织或者二者的结合。我国在经济转型初期阶段出现的大量农民工子弟学校,主要由个人或民间组织出资,通过收取学费或捐助资金来维持学校运行,都是不符合义务教育的公共品特性的,这些农民工子弟学校必然会出现供给不足、效率低下的问题。因此,我国义务教育回归公益性,定位为无偿供给的公共产品,供给的主体理应是政府,由政府提供、配置和管理义务教育的资源,才能根本解决义务教育供给不足的问题。

(二) 义务教育均等化的内涵

一般来说,"均等"是指公平和均衡。均等化则是一个动态的概念,指事物朝着公平和均衡的方向发展和变化。

2007 年党的"十七大"报告中提出要实现基本公共服务均等化。基本公共服务均等化是指政府要为社会成员提供基本的、与经济社会发展水平相适应的、能够体现公平正义原则的大致均等的公共产品和服务,是人们生存和发展最基本的条件的均等。义务教育是基本公共服务的主要内容之一。党的"十七大"报告指出,坚持均等发展,促进教育公平,不仅是国家的基本政策,也是构建社会主义和谐社会的要求,是一项全局性、战略性的任务,也是我国教育改革发展坚定不移的追求目标。2010 年,根据党的"十七大"关于"优先发展教育,建设人力资源强国"的战略部署,《国家中长期教育改革和发展规划纲要(2010—2020 年)》(以下简称《教育规划纲要》)中提出,均衡发展是义务教育的战略性任务。因此,在我国现有的政策导向和价值体系下,义务教育均等化的内涵是政府通过制定政策和设计制度,有效配置教育资源,按照公共性、普及性和基础性要求,促进义务教育的均等发展,建设公平、和谐发展的教育,向全体社会成员提供相对平等的受教育机会和条件,实现教育过程和结果的相对均等。

具体来看,义务教育均等化的内涵可以分为三个层次来理解:首先,义务教育的对象是全体社会成员,确保每个社会公民有权接受相对均等的义务教育,不因户籍、身份和地域等原因产生很大差距。我国现阶段义务教育的突出矛盾是城乡、地域、学校和群体之间的教育资源分配不均。户籍制度造成的城乡差别和身份歧视,是农民工群体难以融入城市生活的主要原因,其随迁子女的义务教育也受到不同程度的影响。尽管修订后的《义务教育法》强调了对非户籍所在地,特别是流动人口子女接受义务教育的问题,确定了流动人口子女居住地人民政府要为他们提供平等接受义务教育的条件,要求教育部门简化优化随迁子女入学流程和证明要求,要求学校按照"一人一籍、籍随人走"原则对随迁子女实行混合编班和统一管理,促进随迁子女融入学校和城市生活①,但在实际操作当中,还有很多问题需要解决,让随迁子女与城市居民子女享受同等的教育资源尚待时日。

其次,义务教育发展的目标是实现教育机会的公平、教育过程的均衡发展和教育结果的相对均等,最终达到通过教育促进人的全面发展和社会进步的目的。义务教育目标的实现是一个循序渐进、动态发展的过程,不是一蹴而就的。义务教育发展是与经济发展阶段相适应的,而且受到政策、法律和社会制度的影响。翟博(2008)认为教育发展的目标是阶段性的,可以把义务教育均等化的目标分为四个阶段实现:第一个阶段:低水平均衡阶段。也就是普及义务教育阶段,这个阶段主要是以追求教育机会的均等为目的,让每一个适龄儿童都能享有受教育的权利和均等的受教育机会。第二个阶段:初级均衡阶段。这个阶段主要是以追求教育资源合理均衡配置为目的,确保教育资源在区域间、城乡间、校际间、群体间的均等配置,保障受教育群体和个体的权利平等、机会均等、受教育条件的均等。第三个阶段:高级均衡阶段。这个阶段的主要任务是深化学校教育改革,加强学校教育内部建设,追求教育质量的均等。教育质量的均衡,就是要以人的培养和发展为目标,办出学校特色,促使学生全面发展,充分尊重学生的差异和个性,让每个学生最大限度地发挥自己的特长和学习潜能。第四个阶段:高水平均衡阶段。这个阶段是基础教育均衡的理想阶段,其重要的标志是:国家经济社会高速发展,进入现代化的理想阶段,人民生活水平大大

---

① 见《教育部办公厅关于做好 2016 年城市义务教育招生入学工作的通知》。

提高,进入了真正意义上的全面建设的小康社会,整个社会确立了现代教育理念,以人为本的社会发展观、教育发展观深入人心,教育资源极大丰富,区域之间、城乡之间、学校之间和不同受教育群体之间的差别极大缩小,教育资源在社会和学校得到了合理优化的配置,每一个学生都能接受相对均等的教育,每个学生都能最大限度地发挥自己的特长和学习潜能,每个学生都能获得学业成功的平等机会。翟博(2008)的教育均衡论涉及义务教育均等化的阶段性目标,提出我国要根据经济发展阶段,明确与国家或地区发展相适应的义务教育均等化目标。翟博的教育均衡论较为全面地概括了义务教育均等化的发展路径,提出我国要制定与国家或地区经济发展阶段相适应的义务教育均等化目标,遵循从基本均衡走向全面均衡,从低水平均衡走向高水平均衡的发展规律。他的这一思想和其他学者的研究对我国教育发展战略目标的制定具有很强的指导意义。

第三,义务教育均等化本质上是在教育公平思想和教育平等原则下合理配置教育资源以达到教育和谐、均衡发展的状态。从经济学的角度看,均衡是一种供需平衡、市场出清的状态。对于义务教育这种准公共品来说,依靠市场机制会造成供给不足和贫富不均的不公平结果,必须要以政府这只看得见的手为主进行资源配置。《教育规划纲要》中提出,义务教育均等化的根本措施是合理配置教育资源,向农村地区、边远贫困地区和民族地区倾斜,加快缩小教育差距。教育公平的主要责任在政府,全社会要共同促进教育公平。明确政府在义务教育中的责任和主体作用,是实现义务教育均等化的关键。

(三) 义务教育均等化的评价指标

国际上关于义务教育发展的评价指标是在教育发展指标体系的总框架之下的,例如联合国教科文组织(UNESCO)确定的世界教育指标体系和全民教育指标 EDI、世界经济合作与发展组织(OECD)教育发展指标。鉴于中国目前的经济发展速度和《教育规划纲要》确定的教育发展目标,我们以 2011 年 OECD 教育体系指标[①](The Indicators of Education Systems, INES)作为衡量我国义务教育发展水平的主要参考。INES 指标体系从教育主体、教育资源投入、教育

---

① 参见 http://www.oecd.org/. 相关内容。

环境、教育政策和教育产出等方面,全面反映了世界主要国家对教育发展水平、状况和目标上达成的共识。表1-1列出了INES指标体系的评价维度。

表1-1　2011年OECD的INES指标体系评价维度

	教育和学习的产出和结果	影响教育结果的政策工具和环境指标	教育实施的前提和约束条件
教育和学习的个体	教育结果的质量和分布	学生和教师的个人态度、参与和行为表现	学生和教师的背景特征
教育环境	授课质量	教育、学习实践和课堂氛围	学生学习条件和教师工作条件
教育服务的提供者	教育机构的产出和表现	学校环境和组织	教育服务提供者及所在社区的特征
教育系统	教育系统的总体表现	系统范围内的机构设置、资源分配和政策	全国的教育、经济、社会和人口环境

从表1-1可以看出,OECD的INES指标体系从宏观、中观和微观层面考量教育系统,区分了教育个体、教育机构和教育服务提供者、教育机构和教育环境以及作为整体的教育系统,明确了教育政策实施的前提和约束条件,为科学、有效地评价各个国家的教育发展水平提供了权威的指导,同时也为评价教育政策的实施结果提供了不同视角的评价指标。例如,可以分别从教育结果和教育供给的质量,教育机会公平和教育结果均等的角度,教育资源管理的充分性、有效性和效率来评价教育政策。

借鉴OECD的INES指标体系,根据地区的教育状况、经济发展水平、社会和人口环境,我们可以从宏观、中观和微观三个层次来构建衡量我国城市义务教育均等化的评价指标体系,具体包括教育结果的均等化、教育过程的均等化、教育环境和服务的均等化三大类。

第一类,义务教育结果的均等化:教育结果是指参与教育和学习过程的个体的产出结果,均等化是指产出结果在不同地区、不同群体和城乡之间的质量分布的均衡性,具体指标包括适龄儿童的入学率、毕业生升学比例等指标。

第二类,义务教育过程的均等化:教育过程是指在教育过程中给予不同背景的学生等量的课程和教育指导,给予每个个体的潜能发挥均等的机会,具体指标包括师生比例、上课时间、教育内容规范性、学生德智体成长均衡度、教师学历和职称分布比例、学生缺课率等。

第三类，义务教育环境和服务的均等化：主要是指能够为不同地区、不同人群和城乡之间提供符合质量要求的课程、学习氛围的教育环境，具体指标包括生均教育经费支出、教师法定工资、地方预算内教育经费及财政收入占比、公共投资与私人投资的比例、学校硬件设施配备标准、教师职前培训等。

参照以上三大类指标，按照从低级到高级，从数量到质量，从局部到全局的发展逻辑，构建适合衡量一个国家或地区（包括城市）的义务教育均等化的评价体系，从参与教育的师生个体、教育环境、教育服务的提供者以及教育系统和政策等方面来评价义务教育均等化的水平，有利于把握义务教育发展的阶段性目标和任务，促进义务教育的均衡发展。

近年来，我国义务教育均衡发展状况的评价体系正在逐步建立。2011 年、2012 年教育部与全国 31 个省（自治区、直辖市）和新疆生产建设兵团（以下简称兵团）签署义务教育均衡发展备忘录。备忘录中明确了推进义务教育均衡发展的时间表和路线图，并界定了中央和地方政府各自的职责。2013 年我国启动了义务教育发展基本均衡县（市、区）督导评估认定工作，旨在通过全国性的教育督导系统，督促地方各级政府扎实推进义务教育均衡的各项工作，提升教育质量、促进教育公平。无论是备忘录还是教育督导系统，都涉及如何对义务教育均衡发展状况的评价问题。

根据 2012 年教育部颁发的《县域义务教育均衡发展督导评估暂行办法》（以下简称《督导办法》）[①]，评估内容主要包括对县域内义务教育校际均衡状况评估和对县级人民政府推进义务教育均衡发展工作评估两个方面，并把公众对本县义务教育均衡发展的满意度作为评估认定的重要参考。其中，校际均衡主要指的是均衡配置教育资源情况，包括生均教学及辅助用房面积、生均体育运动场馆面积、生均教学仪器设备值、每百名学生拥有计算机台数、生均图书册数、师生比、生均高于规定学历教师数、生均中级及以上专业技术职务教师数等八项指标；政府推进均衡发展工作包括了入学机会、保障机制、教师队伍和质量

---

① 《督导办法》规定，评估应在其义务教育学校达到本省（区、市）义务教育学校办学基本标准后进行。

管理。朱德全等(2017)发布了义务教育发展第三方评估报告,进一步细化了《督导办法》的评估指标(表1-2),特别关注了弱势地区和群体的均衡达标情况,并在量化评估的基础上阐明了《教育规划纲要》实施5年来我国义务教育在机会均衡、资源均衡和质量均衡三个方面的进展。

表1-2 义务教育均衡发展第三方评估指标体系

评估维度	评估内容	政策依据
政策机制	1. 体制机制建设; 2. 政策法规建设	《教育规划纲要》
经费投入	1. 义务教育经费比例; 2. 生均预算内教育经费支出; 3. 生均教育事业性经费支出; 4. 生均公用经费支出	《教育规划纲要》
办学条件	1. 生均校舍面积; 2. 校舍危房情况; 3. 大班额数、超大班额数; 4. 学生住宿、饮食、取暖、卫生条件; 5. 信息技术设备	《教育规划纲要》《关于开展农村义务教育学校基本办学条件专项督导的通知》等
师资队伍	1. 农村教师结构性缺编数; 2. 农村代课教师数; 3. 县域内教师交流频率; 4. 教师人均培训时数; 5. 生师比; 6. 教师学历达标率; 7. 集中连片特困地区乡村教师生活补助	《教育规划纲要》《国务院关于深入推进义务教育均衡发展的意见》

来源:朱德全、李鹏,宋乃庆.中国义务教育均衡发展报告——基于《教育规划纲要》第三方评估的证据[J].华东师范大学学报(教育科学版),(1):63-77,121.

综合官方文件、朱德全等(2017)以及其他学者的研究,对比OECD的INES指标体系评价维度,可以看出我国义务教育均等化的评价体系还需要进一步细化和完善,特别是随着社会的进步和教育的日趋个性化和多样化,评价体系需要考虑公共教育经费的投入产出效率,重视社会资本在义务教育领域的影响,关注教育主体和参与者在教育过程中的表现。

(四) 义务教育均等化实现途径的理论探讨

国内外理论界关于义务教育均等化的论述很多,主要在义务教育的供给和资源配置效率方面,围绕政府在义务教育均等化发展中的作用来探讨和研究义务教育实现均等化的路径和对策,总结下来,主要有以下三种观点:第一种观点强调义务教育的基础性和公益性,认为政府应该承担起提供义务教育的全部责任,民办学校应该全面纳入公办事业。顾月华(2004)认为义务教育的均衡发展是政府的责任,政府应对义务教育的标准化与均衡发展起主导作用。姜新旺(2005)认为义务教育的正外部性很强,因此在基础教育阶段,政府应尽可能全额支付基础教育的费用。此外,教育资源的均衡配置不能忽视政策的支持和倾斜。刘志军、王振存(2012)明确指出政府是天生的无法替代的责任人,是实施教育均衡的主体,离开政府,基础教育均衡发展就无从谈起。从政府职能上看,努力办好区域内每一所学校,也是政府应尽的责任和义务。第二种观点认为,义务教育由政府统一集中供给的方式由于财政约束会产生供给不足的问题,而在资源配置效率方面也可能因为信息不对称等原因造成效率低下,因此,义务教育应引入与经济发展水平相适应的市场机制,发挥市场力量在资源配置方面的作用。王军(2005)认为基础教育的性质和地位从根本上决定它必须是普及教育,必须实行均衡发展,为每一个适龄儿童、少年提供最基本的公平的受教育机会。主张在基础教育领域引入市场竞争机制,如实施教育券制度是对财政性教育经费进行配置的另一种方式,它使得公共教育资源配置趋向平衡,体现基础教育的财政公平原则。程红艳、付俊(2007)认为教育均衡发展不能仅仅依靠政府的力量,政府承担责任自然是基础教育均衡发展的第一步,要走好第二步、第三步还要求教育决策者、教师、校长、家长、社区之间的有机联系。在市场体制和教育立法逐渐完善的情况下,可以通过市场的方式更合理地将社会资本引入学校教育,例如以私立学校替代重点学校的地位,这是灵活适应社会需求的办法,也减轻了地方财政和中央财政的负担,使公立基础学校获得更多的教育经费。周彬(2008)认为,在确保政府承担基础教育责任的前提下,可通过推进免费义务教育、鼓励和支持民办学校的发展,使社会资本通过市场配置的方式如股份制、集团化和托管制的方式进入教育领域,形成多元办学模式,并扩展基础教育办学资源。这种观点尽管强调了市场机制的作用,但对市场机制可能产生的问题却鲜有提及。这种观点容易对民办义务教育形成过度激励。第三种观点是在前两种观点基础上的补充和发展,强调政府在义务教育均衡发展中的主导作用,但不是大包大揽,认为政府应在承担起保证基础教育投入责任的前提下,逐步从教育服务的直接生产中撤出,给市场的发展留出一定空间,以培育新的教育资源。综合运用政府行政指令和市场方式优化教育资源配置,提高教育资源的使用率(高洋、彭友,2007)。近年来,这种观点在很多地区和城市推行义务教育均等化的实践中得到了肯定和推广。

综合以上三种观点,我们认为义务教育均等化要通过基础教育的全面普及和均衡发展,逐步提高教育质量,实现社会健康、持续和全面发展的长期目标。义务教育在经济属性上的非排他和外部性特征,在社会属性上具有公平、均衡的要求,决定了政府在义务教育供给中的主体地位;同时,由于区域、学校、群体之间的发展阶段不同,各个地方政府应根据地区的实际情况制定义务教育均衡发展的时间表和路线图,在引入市场机制过程中,积极发挥政府在资金投入、规范管理和监督方面的宏观调控职能,加快教育体制改革,提高教育资源的配置效率,重视人的发展规律,推动教育教学改革,促进义务教育的均衡发展和教育公平目标的实现。

三、义务教育的历史沿革和政策演变逻辑

(一) 我国义务教育的历史沿革

1904 年,清政府颁布《奏定初等小学堂章程》,明确小学为义务教育。1911年清政府通过了一个名为《试办义务教育章程案》的文件,该文件规定义务教育为期四年,且明确提出了试办义务教育的办法。1912 年民国临时政府颁布《学校系统令》,认定义务教育为四年。1937 年,民国政府教育部颁布《学龄儿童强迫入学暂行办法》,体现了义务教育强制性的特点。1940 年 4 月,《国民教育实施纲领》颁布实施,同时实施儿童义务教育与失学民众补习教育。《国民教育实施纲领》提到,"国家应注重各地区教育之均衡发展",这里的"地区教育之均衡"概念对我国后来教育政策的制定产生了重要影响。

自新中国成立以来,我国义务教育经历了从普及到基本均衡的若干发展阶段。1949 年我国政府颁布《共同纲领》,规定在全国要"有计划、有步骤地普及义

务教育",这是通过法令来明确实施义务教育。1956 年,政府颁布的《全国农业发展纲要(草案)》中规定,"按照各地情况,分别在 7 年或 12 年内普及义务教育"。1982 年,《中华人民共和国宪法》明确规定,"国家举办各类学校,普及初等义务教育",这是首次以法律的形式明确了普及义务教育的任务。

义务教育作为一项独立的教育制度以法律的形式确定下来是在 1986 年,当年政府颁布了《中华人民共和国义务教育法》,明确要求各地区根据经济和文化发展状况实行九年制义务教育,并确定了推行义务教育的步骤。这是新中国成立以来最重要的一项教育法,标志着中国正式确立了义务教育制度。

我国正式明确义务教育是政府提供的基本公共服务,需要全面纳入财政保障范围是在 2006 年 9 月 1 日实施的新《义务教育法》。新《义务教育法》明确规定,"国家将义务教育全面纳入财政保障范围,义务教育经费由国务院和地方各级人民政府依照本法规定予以保障",这一规定标志着义务教育作为一项公益性事业列入国家财政保障范围,从法律和管理制度上保证了义务教育的免费和普及性,增强了《义务教育法》的执法性和可操作性。另外,新修订的《义务教育法》体现了"教育均衡发展"的思想,指明了要逐步缩小乃至消除义务教育在地区、城乡、学校和群体之间的差距,促进义务教育的均衡发展。2015 年我国对新《义务教育法》进行了修正。

截至 2016 年,我国的九年义务教育已经基本实现了全面普及,城乡、地区之间的教育均衡问题已经得到了很大改善,但校际、群体之间的教育资源和教育质量的不均衡状况仍然持续存在,具体问题表现在义务教育经费投入的落实、基本办学条件、弱势地区的教师队伍、特殊群体(随迁子女和留守儿童)的教育保障以及学校管理和教育资源使用效率等方面[1]。

(二) 我国义务教育的发展状况

从世界各国的教育发展经验来看,义务教育大体要经历三个发展阶段,分别是追求基本教育机会均等的初始阶段、教育资源合理配置的发展阶段以及教

---

① 参见国务院教育督导委员会办公室发布的《2016 年全国义务教育均衡发展督导评估工作报告》。

育质量均衡发展的完善阶段。

统计数据显示,我国义务教育的普及率从 1986 年的 20%,逐年上升到 2015 年的 99.8%,基本实现了义务教育的全面覆盖。2011—2015 年学龄儿童的入学率平均达到 99.8%,九年义务教育巩固率平均达到 91.73%。2011—2015 年,小学的专任教师占在校学生比例平均为 1∶17,没有太大的变化。初中专任教师占学生比例也逐年增加,从 2011 年 1∶12 的师生比,增加到 2015 年的 1∶14,说明全国初中教学师资配备有了一定提高。2015 年进城务工人员随迁子女占在校学生比例约为 10%,其中初中生约为 6.4%,与 5 年前相比,这个数字略有下降,这与我国加快新型城镇化的步伐和户籍制度改革有关。从绝对占比情况来看,随迁子女在城市里求学的人数还是一个不能忽视的数字。

长期以来,因为随迁子女没有城市户籍,且家庭收入平均较低,基本只能选择在民办普通小学入校。2011 年,民办普通小学招收学生为 124.36 万,民办普通初中招生人数约为 170.73 万,2015 年民办普通小学招收学生数量减少到 100.83 万,民办普通初中招生人数约为 153.65 万。这与新修订的《义务教育法》颁布实施后,政府加大了对民办学校转为公办学校的措施有关。

表 1-3　2015 年全国地区间义务教育办学条件比较

		生均教学及辅助用房面积（平方米）	生均体育运动场馆面积（平方米）	生均教学仪器设备资产值（万元）	每百名学生拥有计算机台数（台）	生均图书册数（册）	师生比（%）
全国	小学	3.730	7.226	0.077	7.817	18.919	16.760
	中学	4.744	9.107	0.130	12.261	28.234	12.760
东部地区	小学	3.834	8.055	0.113	11.524	22.845	16.940
	中学	5.389	10.580	0.182	16.708	33.124	12.299
中部地区	小学	2.123	4.110	0.045	4.480	12.195	18.143
	中学	4.627	8.959	0.098	9.766	26.584	13.850
西部地区	小学	3.669	6.508	0.061	5.967	16.269	15.267
	中学	4.028	7.335	0.100	9.436	23.749	12.305

数据来源:中国教育部

从地区比较的角度看教学场所、教学设备、师资等资源配置的均衡情况,如

15

表1-3所示。在小学义务教育阶段,东、中、西三个地区的办学条件仍存在较大差距,在生均教学及辅助用房面积、生均体育运动场馆面积、生均教学仪器设备资产值、生均图书册数方面,中部和西部地区均落后于东部地区,且低于全国平均水平;在师生比方面,中部地区高于东部地区和西部地区,西部地区的小学师生比低于全国平均水平;在信息化方面,中部地区每百名学生拥有计算机台数最低,只有4.480台,甚至低于西部地区的5.967台,不足东部地区的二分之一,中部地区和西部地区的这个指标均低于全国平均水平。初中义务教育阶段,除了师生比这个指标比较均衡以外,中西部地区的办学条件与东部地区存在明显差距,且低于全国平均水平。在生均教学及辅助用房面积、生均体育运动场馆面积、每百名学生拥有计算机台数、生均图书册数、师生比方面,中部地区略好于西部地区,唯有生均教学仪器设备资产值低于西部地区。

总之,我国东、中、西三个地区在义务教育办学条件方面还存在一定差距,尽管与十年前相比已经有了较大的进步,但中西部地区的平均办学条件仍低于全国平均水平,这说明义务教育资源在地区间的分布还很不均衡,这与东部地区的经济发展水平高于中西部地区有关,也与我国长期以来的政治、文化资源较多集中于东部地区有关。

我国地域辽阔,各个地区经济发展水平差异较大,导致义务教育呈现梯度发展的状态。大多数经济发达地区已经基本解决了人群间的义务教育机会均等和教育条件的基本平等问题,但一些贫困地区的基本均衡目标还需要相当长一段时间才能实现。据统计①,截至2016年底,全国实现义务教育发展基本均衡的县(市、区)累计达到1 824个,占全国总数的62.4%。其中东部地区740个,中部地区556个,西部地区528个。上海、北京、天津、江苏、浙江、广东、福建通过评估认定的县的比例为百分之百。湖北、安徽、山东、吉林四省通过认定的县的比例均超过80%。全国尚有1 200多个县未通过均衡发展评估认定,中、西部地区分别有48.5%、54.51%的县尚未认定,而且问题集中在小学阶段。

从总体上看,我国基本实现了义务教育的普及,目前处于促进教育资源合

---

① 参见国务院教育督导委员会办公室发布的《2016年全国义务教育均衡发展督导评估工作报告》。

理配置的发展阶段。根据《教育规划纲要》，我国现阶段是要"把促进公平作为国家基本教育政策。教育公平是社会公平的重要基础。教育公平的关键是机会公平，基本要求是保障公民依法享有受教育的权利，重点是促进义务教育均衡发展和扶持困难群体"。我国要根据各地的实际情况，在区域内动态调整义务教育均等化的目标，以公平、正义为原则，逐步实现义务教育机会的平等、教育过程的均衡发展和教育结果的相对均等。

（三）我国义务教育均等化的政策演变

从本质上看，义务教育是一项基本公共服务，具有典型的公共品的性质，即非排他性和外部性，因此，义务教育应以追求教育公平和均衡发展为目标。由于受到一个国家的主流意识形态、政治体制、经济发展水平的影响，因此每个国家的义务教育均等化发展过程都是独特的。

我国义务教育的指导思想和政策目标经历过从模糊、明确到逐步完善的阶段，体现在各个阶段的法律法规和政策文件中。从我国义务教育的政策演变，可以清晰了解我国政府推进义务教育均衡发展的内在逻辑。

1. 基础教育的起步期：恢复教育秩序，重点学校优先，城乡有别

自新中国成立至改革开放初期，为了满足百废待兴的国家对专业技术人才的需求，政府将稀缺教育资源投向了重点学校，我国基础教育一直实行的是政府主导的纵向分级、横向分层的教育制度和重点学校制度。

例如，1962 年教育部颁发《关于有重点地办好一批全日制中、小学校的通知》。这个时期的基础教育政策缺乏完整性、稳定性和长远性。1977 年恢复高考制度，我国基础教育也逐步恢复正常。1977 年邓小平在《关于科学和教育工作的几点意见》中提到了中小学教育的学制和教材问题。受制于国家财力和经济发展水平，城市义务教育和农村义务教育采取不同的经费负担政策，城市学校由国家出资，而农村学校则是发动农民自行支付学费，后改为由乡政府负担办义务教育。

2. 义务教育均等化的探索期：效率优先、非均衡发展

这个时期大致从 1985 年到 1996 年，也是我国经济体制改革的重要时期。这个时期的首要任务是经济发展，义务教育政策也体现了效率优先的思想。

1985年我国政府出台了《中共中央关于教育体制改革的决定》(以下简称《决定》),决定在全国"实行九年制义务教育,实行基础教育由地方负责、分级管理的原则"。在《决定》的基础上,1986年颁布了《义务教育法》,这是我国历史上第一部义务教育法律,明确了义务教育的强制性,规定义务教育的年限为九年,并在实施细则中提到"要争取到本世纪末,全国基本普及九年义务教育,基本扫除青壮年文盲",并重申"分地区、有步骤地实施义务教育"。但是,由于没有明确义务教育的公共性,国家把义务教育的经费承担责任下放到了地方财政。受制于地方经济发展水平和财政状况,义务教育的普及程度呈现出很大的地区和城乡差异。随着以经济建设为中心的市场经济观念在各个领域的渗透,教育政策也深受影响,政府试图通过市场化改革来解决义务教育资金投入不足的问题。例如,1993年颁布的《中国教育改革和发展纲要》中明确要求继续完善初级中等以下教育分级办学、分级管理的体制。1994年国务院颁发《关于中国教育改革和发展纲要的实施意见》,规定"企事业单位和其他社会力量按照国家的法律和政策多渠道、多形式办学。有条件的地方,也可以实行'民办公助''公办民助'等"。这些政策使义务教育偏离了公共性的本质,"分数择校"和"靠钱择校"的现象愈演愈烈,一些重点中小学成为了政府官员寻租和商业机构牟利的工具,弱势地区和群体在"教育产业化"的过程中被忽视,义务教育不均衡的现象呈现日益扩大的趋势。

3. 义务教育均等化的起始期(1995—2000年):开始关注弱势群体,但缺乏政策保障机制

这期间,随着人口在全国范围的流动加快,进城打工的农民日益增多,这个群体的随迁子女由于受到户籍限制而不能入学的问题也凸现出来。1996年国家教委印发了《城镇流动人口中适龄儿童少年就学办法(试行)》,规定"流入地人民政府,要为流动人口中适龄儿童、少年创造条件,提供接受义务教育的机会。流入地教育行政部门,应具体承担城镇流动人口中适龄儿童、少年接受义务教育的管理职责"。此外,该文件还对流动儿童如何申请借读以及接收流动儿童入学的民办学校作出了规定。1998年教育部、公安部联合颁布《流动儿童少年就学暂行办法》(以下简称《办法》),进一步明确了"流入地教育行政部门应具体承担流动儿童少年接受义务教育的管理职责",规定流入地中小学应为在

校流动儿童少年建立临时学籍,并可按国家规定收取借读费。可以看出,这两个政策文件尽管在一定程度上打破了儿童必须在户籍所在地入学的严格限制,但没有赋予流动儿童享有与户籍所在地儿童平等的教育机会,而且因为缺乏相应的实施细则和财政政策保障,文件的指导性意见很多时候流于形式,在实际执行过程中大打折扣,得不到很好的贯彻。

4. 义务教育均等化的发展阶段(2001—2005 年):向西部地区和农村倾斜,义务教育均衡有了实质性进展

在这一阶段,中央要求各级政府部门加强落实农村义务教育和农民工随迁子女义务教育的教育投入和管理责任,出台的政策文件集中反映了我国义务教育均等化的思想转变——从形式步入实质性阶段。

2001 年国务院颁布《关于基础教育改革与发展的决定》,明确要求"进一步完善农村义务教育管理体制。实行在国务院领导下,由地方政府负责、分级管理、以县为主的体制";针对贫困地区农村中小学教师工资问题,提出"要通过调整财政体制和增加转移支付的办法解决农村中小学教师工资发放问题";针对流动儿童义务教育的主要责任,提出了"以流入政府管理为主,以公办中小学为主"的"两为主"政策,并且就流动儿童接受义务教育的经费筹措作出了明确规定,要求"流入地政府要专门安排经费用于随迁子女就学工作,多渠道安排随迁子女就学,同时在入学条件等方面要与当地学生一视同仁""在城市中小学就读的随迁子女,负担的学校收费项目应当与当地学生相同,不再收取借读费、择校费,或要求农民工捐资助学及摊派其他费用"等。这些政策相较以前的文件,具有了较强的可执行性,对推动义务教育在城乡和不同群体间的均等化发挥了重要作用,但由于我国长期以来实行的财政分权、户籍制度管理和重点学校制度,农民工随迁子女仍然无法享受与城市居民子女平等的受教育机会,在普通公立学校的入学申请方面也会受到歧视。

为了扩大义务教育覆盖的范围,从管理体制上切实提高我国西部地区和农村的义务教育均等化水平,2002 年国务院出台了《关于完善农村义务教育管理体制的通知》,提出农村义务教育实行"在国务院领导下,由地方政府负责、分级管理、以县为主"的体制,建立专项资金,"扶持贫困地区、少数民族地区的农村中小学学校建设,改善办学条件"。2003 年国务院下发《关于进一步加强农村教

育工作的决定》,明确了西部地区的"两基"攻坚计划和目标,要求实现"两基"①目标的地区"巩固提高普及义务教育的成果和质量",提出"到2007年,争取全国农村义务教育阶段家庭经济困难学生都能享受到'两免一补'(免杂费、免书本费、补助寄宿生生活费)"的目标,并通过安排中央向农村地区倾斜的"专项资金",引导鼓励教师到乡村中小学任教、建立和完善对口支援制度等方面的措施,实质性地推进义务教育在地区间的均衡发展。鉴于我国城乡义务教育存在的差距过大,农村义务教育经费欠缺情况严重的问题,国务院决定要将农村义务教育全面纳入公共财政保障范围,建立中央和地方分项目、按比例分担的农村义务教育经费保障机制,并于2005年12月下发了《关于深化农村义务教育经费保障机制改革的通知》。

5. 义务教育均等化的完善阶段(2006年至今):通过法制化实质性推进教育均衡,开始重视教育过程和教育质量的均衡

2006年修订的《义务教育法》是一部具有里程碑意义的法律,从法律层面上明确了义务教育的强制性、统一性、公益性和平等性原则,规定"义务教育是国家必须予以保障的公益性事业。实施义务教育,不收学费、杂费";明确将义务教育全面纳入财政保障范围,由国务院和地方各级人民政府分担,实行省统筹的经费保障新机制;明确提出要缩小学校之间的办学差距,加强对薄弱学校的改造,并且取消义务教育阶段的重点学校制度;提出由国家"建立统一的义务教育教师职务制度",保障义务教育阶段教师的待遇和社会地位,规定"教师的平均工资水平应当不低于当地公务员的平均工资水平",并对贫困地区的教师实行补贴。为落实义务教育均衡发展的目标,《义务教育法》中首次提出成立义务教育督导机构,对其地位和职能作出了明确规定。此外,新《义务教育法》还第一次在法律中提到了素质教育的概念,突出强调了义务教育的质量。可以说,新《义务教育法》标志着我国推进义务教育均等化进入了一个新的阶段,义务教育的公益性和均衡发展的重要性已经深入人心。

此后,为了贯彻新《义务教育法》,落实各项规定的实施,国家出台了一系列政策文件。例如,2008年发布了《关于做好免除城市义务教育阶段学生学杂费

---

① "两基"是指基本普及九年义务教育和基本扫除青壮年文盲。

工作的通知》,在全面实施农村义务教育经费保障机制改革的基础上,免除城市义务教育阶段学生学杂费,同时进一步强化政府对义务教育的保障责任;2010年,教育部印发了《关于贯彻落实科学发展观进一步推进义务教育均衡发展的意见》,要求把促进义务教育均衡发展作为教育部门的工作重点,提出了"在2012年实现区域内义务教育初步均衡,到2020年实现区域内义务教育基本均衡"的目标,要求"均衡发展是有质量的内涵式发展";2012年出台了《关于深入推进义务教育均衡发展的意见》,提出要"充分认识义务教育均衡发展的重要意义";2014年发布了《"十二五"教育发展规划纲要(2010—2020)》(以下简称《"十二五"纲要》),提出"完善教育公平制度"的目标,从法制保障、资源配置制度和规则程序三个方面建立保障教育公平的制度体系,提出"以义务教育均衡发展为重点,建立区域、城乡和校际差距评价指标体系,促进教育资源向重点领域、关键环节、困难地区和薄弱学校倾斜。以扶持困难群体为重点,建立全面覆盖困难群体的资助政策体系和帮扶制度"。对比之前的政策文件,《"十二五"纲要》以务实的精神对推进义务教育均衡发展的步骤和措施作了明确部署;2014年3月,中共中央、国务院印发《国家新型城镇化规划(2014—2020年)》,要求"将农民工随迁子女义务教育纳入各级政府教育发展规划和财政保障范畴,合理规划学校布局,科学核定教师编制,足额拨付教育经费,保障农民工随迁子女以公办学校为主接受义务教育",提出解决流动儿童义务教育从"两为主"转向"两纳入",即将常住人口纳入区域教育发展规划、将随迁子女教育纳入财政保障范围。2015年国家对新《义务教育法》进行了修正,规定教科书价格"按照微利原则确定",进一步减轻了义务教育阶段学生的经济负担,为全面实施免费义务教育奠定了基础。

目前,我国把推进教育均衡发展作为一项中长期战略性目标,确定了四个"优先"发展的方向:一是农村、偏远、贫困和少数民族地区优先;二是农村小学、职业教育和学前教育优先;三是对贫困家庭实施补贴政策;四是建设高质量的教师队伍。

(四)我国义务教育均等化存在的问题

经过30多年的努力,我国在普及义务教育和推进教育均衡发展上可谓成绩斐然,地区间、城乡之间、校际之间和社会群体之间的教育均等化取得了阶段性进展,促进了教育公平。但不可否认的是,目前义务教育推进在均等化的过程中,还存在不少问题,面临着很多困难和挑战。

1. 地区、校际和群体之间的教育水平仍然存在较大差距,流动儿童和留守儿童的教育问题严峻

由于历史、体制原因以及经济发展水平的差异,优质教育资源主要集中在东部地区和一些大城市。针对地区间和校际间的教育不均衡问题,政府通过财政支付转移、专项扶持资金以及一系列的倾斜性政策,启动了多项改善农村和落后地区中小学办学条件的计划。例如,2013 年国务院发布了《关于全面改善贫困地区义务教育薄弱学校基本办学条件的意见》,要求各地制定实施方案,切实"改善贫困地区基本办学条件,保证办学的正常运转,缩小校际差距,推进义务教育均衡发展"。从统计数据来看,近年来我国西部和中部地区的办学条件和硬件基础设施有了很大改善,但与东部地区相比仍有一定差距。

此外,教育硬件设施的改善只是解决了地区、城乡之间的教育资源配置不均衡问题的一小部分,弱势地区师资匮乏、教学水平低、留不住人才等问题仍然很严峻。尽管国家实施了一系列针对师资不均衡问题的政策[1],为中西部农村义务教育学校的教师提供培训,通过国家补贴和一些优惠政策鼓励师资向农村流动、支援农村义务教育,但这些政策的效果并不理想。要从根本上解决农村和落后地区义务教育的师资问题,还需要当地社会和经济环境的支持。

政府试图借助互联网技术手段促进教育均衡,通过远程教育计划和互联网教育资源共享的方式,为弱势地区的中小学提供计算机和网络接入设备,建立与发达地区优质学校和师资的网络连接,以提高弱势地区中小学的教学水平。事实证明,互联网教育能够跨越地域和时间的限制,是解决城乡和地区教育不平等问题有效途径,但在实践上还有诸如财政投入、动力和协调机制等难题需要破解。

城市内部校际之间的教育资源配置存在着较为严重的不均衡问题,尤其是在一些超大型和大型城市。近年来,义务教育阶段的"择校"乱象不但没有减

---

① 如《关于组织开展高校毕业生到农村基层从事支教、支农、支医和扶贫工作的通知》(国人部发〔2006〕16 号),《关于实施农村义务教育阶段学校教师特设岗位计划的通知》(教师〔2006〕2 号),2008 年教育部组织实施"中西部农村义务教育学校教师国家级远程培训计划"。

少,反而愈演愈烈,人们围绕"学区房"展开了对优质教育资源的争夺。这与我国长期以来实行的重点学校、重点班制度有关,也与我国政府的教育管理体制有关。尽管新《义务教育法》明确规定不允许设立重点学校和重点班级,但由于教育的连贯性以及学校声誉的历史传承性,人们对重点学校的追捧并没有因为法律的禁止而减退。另一方面,"一考定终生"的考试制度和"升学率"为导向的教育评价制度也是影响义务教育均衡发展的重要原因。应试压力从高中传导到了中小学阶段,甚至传导到了幼儿园阶段,迫使幼升小的孩子参加各种幼小衔接班,以应对择校入学、入学分班考试。这种以升学率为目标,以金钱和利益为纽带的择校行为,极大扭曲了义务教育的公益性和平等性,一方面使得大量优质教育资源和生源集中在少数公办学校,造成学校的班级人数超额、学生课业负担过重的现象;另一方面又加剧了普通学校的生源危机和财政危机,进一步拉大学校之间的差距。

过去十年,我国颁布了很多与进城务工随迁子女和留守儿童有关的政策文件,把解决群体之间的教育不平等问题放在了重要位置。但是,由于户籍制度、经济基础、教育背景以及社会歧视等原因,身份认同问题始终困扰着农民工及其随迁子女,他们无法真正融入城市生活,成为城市的"新市民",而只能成为城市里的"流动人口"。根据《中国流动儿童教育发展报告》的统计数据,截至2015年10月1日,全国流动人口总量已达2.47亿,全国每6个人中就有1个处于"流动"之中,作为流动人口子女的流动儿童和留守儿童这两个群体总数约1亿人。截至2014年底,城市义务教育阶段流动儿童在公办学校就读比例为79.5%,仍有超过200万的流动儿童未能进入城市公办学校,只能在民办学校或者条件简陋的打工子弟学校就读。比流动儿童问题更为严峻的是农村留守儿童①。调查显示,截至2016年,不满十六周岁的农村留守儿童数量为902万人。由于面临入学困难、收入低、住房条件差等问题,许多进城务工人员独自在城里工作,把子女留在家乡上学。缺少父母的陪伴和家庭教育,留守儿童的健康、安全和教育质量无法得到保障。

①　根据《国务院关于加强农村留守儿童关爱保护工作的意见》对于农村留守儿童的定义,本次摸排的对象是父母双方外出务工或一方外出务工另一方无监护能力,无法与父母正常共同生活的不满十六周岁的农村户籍未成年人。

23

2. 优质教育资源过度集中，教育质量差别较大

新《义务教育法》规定："凡具有中华人民共和国国籍的适龄儿童、少年，不分性别、民族、种族、家庭财产状况、宗教信仰等，依法享有平等接受义务教育的权利，并履行接受义务教育的义务。"统计数据表明，截至 2016 年，我国九年义务教育基本上实现全面普及，2015 年小学净入学率为 99.9%，初中毛入学率为 104%，已经高于世界高收入国家的平均水平。毋庸置疑，我国义务教育阶段的适龄儿童都获得了平等的受教育机会，这是中国历史上从未有过的教育奇迹。但是，普及率高并不意味着每个人都获得了平等的教育服务和结果，即使是教育机会也有层次上的差异。

首先，因为教育资源配置仍然存在着地区、校际之间的差距，尤其是优质的教育资源。在我国城乡二元结构、区域经济发展不平衡以及应试教育体制不变的条件下，优质资源高度集中的状态不会有太大的变化，而能够接触并享受到优质教育机会的人群必然是拥有财富或社会地位的少数人。可以说，我国普及的是获得一般意义教育的机会，而获得优质教育资源的机会却是不均等的。

其次，优质教育资源的集中度过高，也直接导致了教育过程的不平等。在发达地区的普通中小学，孩子们从一年级就能接触到英语、音乐、人文素养和科学探索等课程。发达地区能够招聘到更多的优秀师资，老师们不但在课业上能够给予孩子们指导，而且他们的眼界和教养也直接影响了孩子的成长。弱势地区的专任教师队伍数量配备不足现象较为严重，音乐、体育、美术、外语、科学、信息等学科的专业教师缺口较大，中小学生主要把时间投入在主课学习和考试中，大部分学校没有能力为他们提供素质教育的课程。这些地区的校长、教师交流机制和激励机制建设滞后，师资薄弱的学校得不到支持，教育水平很难提高。一些地方政府对留守儿童、随迁子女的义务教育不够重视，导致招收弱势群体学生为主的学校在文化建设、安全保卫、食品卫生保障等方面都存在诸多问题。

如果用进入高一级学校学习的机会来衡量教育结果的均等化程度，我国已经取得了很大的进步。2015 年的统计数据表明，全国高中阶段毛入学率为87%，高等教育毛入学率为 40%，这两项都高于世界中上收入国家的平均水平。在高考招生过程中，教育部和各大院校实施了一系列向中西部地区以及农村地

区倾斜的政策,保证东中西部地区的高考录取率基本平衡,让农村学生获得同等进入高校学习的机会。然而,如果用学业成功的概率、教育回报率或者学生的创新能力等指标来衡量,可能就会得出不一样的结论。在一个崇尚竞争的社会里,教育的结果本来就是千差万别的,但是如果不能保证教育机会和教育过程的基本平等,教育结果就会趋于一个两极分化的状态,造成社会向上流动的机会减少、阶层固化,进一步加大社会的贫富差距。

3. 教育投入结构不合理,经费使用效率不高

在改革开放初期,为了尽快让一部分地区富起来,以带动落后地区的发展,我国实行了效率优先、向东部沿海地区倾斜的经济发展战略。效率优先的战略极大促进了东部沿海地区的经济发展水平,但也扩大了中、西部地区与其的差距,与此同时,工业化时代的经济发展具有在地理上集聚的特征,全球化引致的地区市场分工,进一步加剧了经济的空间集聚趋势,造成了地区间经济发展不平衡。区域经济发展的不平衡成为了影响义务教育均衡发展的直接原因。

然而,经济发展的规律与教育发展的规律是不同的:首先,教育具有先导性,任何国家或地区的发展都需要把教育放在第一位,特别是基础教育;其次,义务教育是一项公益事业,政府是公益性产品和服务的供给主体,各级政府有义务和责任保障每一位儿童、少年获得享受平等教育的机会,"不分性别、民族、种族、家庭财产状况、宗教信仰等";义务教育均等化,不但是指受到义务教育机会的普及,还意味着入学后能够获得良好的教育质量和教育结果的平等权利。

由于对教育发展规律的认识不足,我国长期以来对教育的投入处于较低的水平,没有真正落实教育优先发展战略。1993 年我国提出在 2000 年实现国家财政性教育经费占 GDP 4% 的目标,但直到 2012 年这个目标才实现,当年投入比例达到 4.28%,2014 年的比例为 4.15%,之前的 1990 年到 2011 年,这个比例一直在 2%～3%,低于世界教育投入的基础水平,与发达国家差距很大。根据 OECD 发布的《教育一览》(Education at a Glance),2013 年 OECD 国家的教育投入平均为 GDP 的 5.2%。而发展中国家的教育投入在 20 世纪 80 年代也已经达到 4% 的水平。我国的教育财政投入要跟上教育发展的需要,除了要弥

补历史欠账,还要继续按照"三个增长"①的要求,加大对教育的投入力度。

从教育经费投入的空间结构来看,我国各省的生均教育经费②两极分化的状态非常明显,而且出现了学生规模与教育经费投入不成比例的问题,一些流动人口数量大的东、中部地区省份,生均教育经费普遍较低。如表1-4所示,生均教育经费最高的是北京、上海、天津和人口稀少的西藏自治区,而在常住人口大省河南、河北、山东、广东等省份,生均经费低于北京的三分之一。与2013年相比,2014年各省的义务教育生均经费的均衡状况没有明显改善,生均经费投入最低的省份与北京的差距仍然高达5倍以上。这些数据表明,我国要促进义务教育的均衡发展,一方面要提高教育投入效率,根据实际人口变动情况调整各个地区的教育投入,而不能采取"一刀切"的办法;另一方面要适当向落后地区倾斜,切实解决好这些地区的义务教育经费保障机制问题。

表1-4　我国义务教育生均公共财政预算教育事业费(2013—2014年)

地区	普通小学				普通初中			
	2013年(元)	2013年比值(北京=1)	2014年(元)	2014年比值(北京=1)	2013年(元)	2013年比值(北京=1)	2014年(元)	2014年比值(北京=1)
全　国	6 901.77	3.15	7 681.02	3.05	9 258.37	3.52	10 359.33	3.52
北京市	21 727.90	1.00	23 441.78	1.00	32 544.37	1.00	36 507.21	1.00
天津市	15 447.40	1.41	17 233.85	1.36	22 840.57	1.42	26 956.43	1.35
河北省	4 936.80	4.40	5 349.05	4.38	7 470.83	4.36	7 749.39	4.71
山西省	6 517.16	3.33	7 359.19	3.19	7 765.15	4.19	9 016.90	4.05
内蒙古自治区	9 837.99	2.21	10 181.40	2.30	11 414.81	2.85	11 954.80	3.05
辽宁省	8 304.58	2.62	8 354.27	2.81	11 462.64	2.84	11 163.16	3.27
吉林省	9 174.47	2.37	10 192.63	2.30	11 451.44	2.84	12 707.69	2.87
黑龙江省	8 895.02	2.44	11 062.98	2.12	10 334.05	3.15	12 187.65	3.00
上海市	19 518.00	1.11	19 519.88	1.20	25 445.47	1.28	25 456.58	1.43

① 各级政府依法保证教育财政拨款的增长高于财政经常性收入的增长,并按在校学生人数平均的教育费用逐步增长,保证教师工资和学生人均公用经费逐步增长。

② 由于我国的流动人口数量庞大,现行的财政制度与人口变动情况已经不匹配。因此,与总量数据相比,用生均教育经费来衡量更能反映教育投入的效率。

地区	普通小学				普通初中			
	2013 年（元）	2013 年比值（北京＝1）	2014 年（元）	2014 年比值（北京＝1）	2013 年（元）	2013 年比值（北京＝1）	2014 年（元）	2014 年比值（北京＝1）
江苏省	10 584.60	2.05	11 175.06	2.10	15 140.80	2.15	16 690.42	2.19
浙江省	8 874.54	2.45	9 811.88	2.39	12 617.07	2.58	14 204.93	2.57
安徽省	6 437.96	3.37	6 658.15	3.52	8 830.00	3.69	9 210.80	3.96
福建省	7 522.51	2.89	8 175.63	2.87	10 510.97	3.10	11 544.45	3.16
江西省	5 817.11	3.74	6 851.82	3.42	7 882.12	4.13	9 002.57	4.06
山东省	6 642.19	3.27	7 253.54	3.23	10 171.24	3.20	11 333.87	3.22
河南省	3 913.95	5.55	4 447.63	5.27	6 453.79	5.04	7 139.84	5.11
湖北省	5 408.12	4.02	7 020.68	3.34	8 543.48	3.81	11 347.73	3.22
湖南省	5 721.18	3.80	6 363.41	3.68	8 835.38	3.68	10 068.21	3.63
广东省	6 742.84	3.22	7 738.55	3.03	7 508.99	4.33	9 264.05	3.94
广西壮族自治区	5 472.39	3.97	5 945.96	3.94	6 750.79	4.82	7 360.62	4.96
海南省	8 347.48	2.60	8 825.64	2.66	10 076.82	3.23	10 594.56	3.45
重庆市	6 308.70	3.44	7 259.92	3.23	7 606.65	4.28	9 224.77	3.96
四川省	6 822.64	3.18	7 530.41	3.11	8 336.83	3.90	9 111.07	4.01
贵州省	5 975.72	3.64	6 789.79	3.45	6 140.45	5.30	6 924.70	5.27
云南省	6 145.38	3.54	6 200.67	3.78	7 189.98	4.53	7 586.92	4.81
西藏自治区	12 820.20	1.69	17 905.94	1.31	12 783.54	2.55	16 631.68	2.20
陕西省	9 633.06	2.26	10 196.97	2.30	11 358.64	2.87	12 330.50	2.96
甘肃省	6 191.50	3.51	7 289.18	3.22	7 494.27	4.34	8 377.71	4.36
青海省	8 200.50	2.65	9 438.49	2.48	10 494.92	3.10	11 949.57	3.06
宁夏回族自治区	6 011.26	3.61	6 470.11	3.62	8 479.07	3.84	9 689.53	3.77
新疆维吾尔自治区	10 463.20	2.08	11 292.19	2.08	14 549.15	2.24	4 238.65	8.61

数据来源：《中国教育经费统计年鉴 2014》

　　在目前我国教育投入总体不足的情况下，投入分配结构应向基础教育倾斜。按教育层次来看我国教育经费投入的结构，可以发现义务教育和高等教育的经费投入比在 1990 年到 2014 年呈现一个倒"U"型的结构。2014 年我国生均公共财政预算教育事业费，从全国平均来看，小学为 7 681.02 元，初中为

10 359.33元,而高等学校为 16 102.72 元,小学和初中与高等学校的生均经费比例分别是 1∶2.10 和 1∶1.55,在 2013 年这两个比例分别是 1∶2.26 和 1∶1.68。这反映了我国已经开始调整各级教育的财政经费投入比例,向基础教育倾斜。事实上,教育投入在各级教育的分配结构没有一个理想的"世界标准",与各个国家的人口结构、经济发展阶段、教育政策以及文化传统有关。根据 OECD 发布的《2016 教育一览》中的数据显示,2013 年 OECD 国家在各级教育的平均投入比例是:小学占 GDP 的 22%,初中和高中均为 26%,大学为 41%。如果按生均水平来看,OECD 国家生均教育投入占人均 GDP 的 29%。

义务教育是公益性事业,政府是主体。由于信息不对称,在经费的投入和使用上可能产生委托代理问题和道德风险。例如,一些学校采购教学设备,出现了严重的浪费和寻租现象。我国应借鉴其他国家教育经费管理的做法,提高经费使用的透明度,建立财政责任制,在拨款、投入和使用各个环节增加透明度,减少教育资源浪费和寻租的现象。

4. 城镇化制度和教育改革滞后,社会隔离阻碍教育实现均等化

新型城镇化的核心是人的城镇化。目前我国还没有完全解决人的城镇化,城乡之间、不同身份户籍的人群之间还存在突出的社会不平等问题。而人的城镇化,除了要彻底改革户籍制度之外,还要解决城市移民的身份认同和社会融合问题。如果进城农民工不能获得与城市居民相同的户籍身份,享受与城市居民平等的基本公共服务,其子女的义务教育也无法得到切实的保障。即使农民工随迁子女能够在城市里接受义务教育,制度性歧视以及与家庭背景和经济条件有关的歧视,将使得这部分群体与城市居民群体产生社会隔离,从而阻碍义务教育的均衡发展。因此,推进新型城镇化和义务教育均等化,首先要取消一切制度性歧视,消除由于户籍身份所导致的教育不平等。

除了制度性歧视以外,经济快速发展所造成的收入差距过大问题也会导致社会分层和隔离的加剧。由于群分效应和同伴效应,高收入群体和低收入群体的居住空间和教育资源也将产生分隔,这个现象在房价高企的大型城市尤为突出。为了获得优质义务教育,高收入群体聚居在优质学区或选择私立学校,而低收入群体则被排除在优质学区之外,集中在普通公立学校。由于普通公立学校只能提供统一的标准化教育,无法照顾到个性化和多样化的教育需求,这就

会使那些重视个性化发展和追求更高教学质量的学生离开普通公立学校,从而进一步扩大普通公立学校与优质学校之间的差距。

身份不平等与收入差距的叠加,将导致教育出现不平等,经过代际传递,进一步加剧收入的不平等,形成社会阶层固化。这些问题对我国的教育改革提出了严峻的挑战。

5. 义务教育政策忽视微观需求,均衡发展仍须夯实平等基础

经济发展水平的提高无疑对提升国民的总体教育水平有着重要的作用,但与此同时也改变了教育的需求结构。人们不再仅仅满足于教育机会的获得,而且还有诸多个性化、多样化的教育需求,这也是与经济转型升级对人才的要求相吻合的。我国义务教育政策强调普及性、公益性,但如果不能充分考虑教育需求结构的变化,仍用计划、集中的思维处理教育领域的矛盾和问题,就无法设计出尊重个性自由、鼓励创新思维、符合社会发展需要的教育政策,最终影响到教育公平和均衡发展目标的实现。

我国处在从追求义务教育普及性均衡到优质教育均衡的发展阶段,伴随着城镇化的进一步深化,我国义务教育的均等化已经不再是教育部门的事情,而是涉及众多利益相关者的公共治理问题,这不但考验政府公共治理的智慧,还需要政府、学校和社会的合力。政府是义务教育的责任主体,政府有责任保障每一个适龄儿童、少年接受平等的义务教育,促进义务教育均等化。但是,单纯依靠政府无法实现教育的多样化和个性化发展。政府的作用主要体现在政策顶层设计,整合社会资源,整体推进教育的改革和发展。而学校和来自社会的力量则是对政府作用的重要补充。在顶层设计的框架下,应留给学校和社会更多的弹性空间,允许自下而上的教育探索;应该充分发挥社会资本和民间教育机构对基础教育的辅助和补充作用,规范民办学校的经营和教学管理。

义务教育要实现高水平的教育均衡,需要建立在一个公平和平等的社会基础上。芬兰教育所取得的成功,与其社会追求平等和合作的理念密切相关。芬兰的高福利政策和崇尚平等的社会氛围,让芬兰教育可以更专注于质量的提高和每个孩子的个性化发展。虽然我国是社会主义市场经济国家,但整个社会长期以来接受"效率优先""发展才是硬道理"的市场意识,这种意识也渗透到了教育行业。高等教育很多时候被当做实现阶层流动的竞争工具,经过压力的向下

传导,竞争在义务教育阶段同样不可避免,导致中小学过分注重考试分数,忽视素质教育和创造性思维能力的培养。

总之,要从根本上解决义务教育均衡发展问题,首先要建立起一个重视公平和普通民众福利的社会基础;其次,教育要以学生为中心,保障每个人的受教育权利,鼓励因材施教,注重学生的个性化教育需求和长远发展。

总　结

教育是立国之本,教育进步很大程度上决定了一个国家的文明和繁荣。教育进步体现在是否能保障教育公平和促进教育的均衡发展。义务教育是基础教育,义务教育是国民素质的起点和人才资源的基础。以实现教育的公平和均衡发展为目标,我国义务教育经历了一个从基本普及到全面普及,从数量均衡逐步向质量均衡发展的过程。其间,我国出台和颁布了一系列的制度、法规和相关文件,最终以立法的形式确立了义务教育在我国社会发展中的重要地位,明确了义务教育的公益性、统一性和义务性,确立了以促进教育的公平和均衡为目标的中长期教育发展目标。

对中国这样一个存在着较大的地区差异和城乡差别的经济转型国家而言,推进义务教育均等化的路径注定是曲折不平的。近年来,政府加大了对基础教育的投入,义务教育率先在农村和弱势地区实现学杂费全免,城市里也基本实现了免费,进城务工人员随迁子女因为户籍身份问题而不能在城市的中小学上学的现象越来越少了,但基础教育仍然存在很多棘手的问题和矛盾长期得不到有效解决。例如,教育资源不均衡导致的疯狂择校和"学区房"问题,应试教育盛行、素质教育重形式不重内容,中小学生课业负担过重,城乡教育质量差距仍然过大等。只有切实解决好这些问题,才能把义务教育的均等化落到实处。

义务教育均等化的过程,是一个通过教育改革促进教育公平和均衡发展的过程。教育改革首先触及的是每个人的教育投入和选择。从行为经济学的视角,审视基于人的偏好和选择所发生的教育活动,理清群体互动行为和教育产出的内在逻辑关系,有助于我们建立起一个清晰、规范的分析框架,理解推动教育改革、促进义务教育均等化的力量。

第二章　行为经济学在教育领域的应用

> 没有谁明确负有任何义务，或者一定要表示出对别人的感激，但是根据一种共同的估价，社会仍然可以通过互惠行为而维持。
>
> ——亚当·斯密《道德情操论》

一、行为经济学的起源和发展

西方经济学的发展，从古典到新古典，走过了几百年的历史。如何评价经济学理论的好坏？斯蒂格勒(Stigler，1965)认为可以依据三个标准来评价：现实一致性、普遍性和易处理性。行为经济学的兴起，正是顺应了经济理论的现实一致性要求，通过增加心理层面的现实因素，让经济学理论的解释力和预测能力更强，有助于更有效的政策指导。

行为经济学的理论渊源大部分源自 20 世纪 70 年代心理学家卡尼曼和特沃斯基(Kahneman and Tversky)的行为决策理论。理查德·塞勒(Richard Thaler)1980 年[1]发表在《经济行为和组织杂志》的文章《消费者选择的一个理论》(*Toward a Positive Theory of Consumer Choice*) 被认为是真正意义上的现代行为经济学的开篇之作，其后发表在《经济学视角》[2]杂志上的文章——《异常现象》则引起了人们对行为经济学的关注。可以说，自 20 世纪 80 年代以来，

---

[1]　Thaler R H. Toward a positive theory of consumer choice[J]. Journal of Economic Behavior and Organization，1980(1)：39-60.

[2]　Daniel K，Knetsch J L，Thaler R H. Anomalies：the endowment effect，loss aversion，and status quo bias[J]. The Journal of Economic Perspectives，1991，5(1)：193-206.

行为经济学从边缘走向主流,迅速发展成为主流经济学的一个重要的研究领域,其应用领域越来越广泛。诺贝尔经济学奖曾先后颁发给了心理学家西蒙(Herb Simon)、卡尼曼和特沃斯基(Kahneman and Tversky),即是对行为经济学研究对现代经济学发展的贡献的最好印证。

行为经济学的兴起,很大程度上是缘于新古典经济学在解释现实世界上的无力。事实证明,面对20世纪以来世界发生的任何一次经济危机,新古典经济学家那些完美的理论框架和精致的数学模型没有多少预测能力,对于充满不确定性的社会和复杂多变的人性,也缺乏有逻辑的解释。行为经济学弥补了新古典经济学的很多不足。经过数十年的发展,行为经济学的应用涉及包括宏观、金融、教育和管理等研究领域,融合了心理学、神经学、生物学等学科的思想和方法,促进了经济学研究进一步向纵深发展,加深了人们对现实世界的理解。正如著名的行为经济学教授科林(Colin Farrell Camerer)所说的那样:"因为提供了更贴近现实的心理因素,行为经济学增加了经济学的解释力。我认为更为现实的假设更有可能具有较强的预测性。"

行为经济学最初起源于与心理学的结合。心理学研究的一个重要前提是人不再是完全理性的,而是有着不确定性的演化逻辑(汪丁丁,2003)。在新古典经济学的理论框架下,引入不确定性后理性人的假设不再成立,必须要突破原有的框架,改变假设条件,才能解决有限理性以及与之相联系的一系列现实问题。因此,从某种意义上说,心理学所研究的情感、道德、社会意识等一系列心理因素是行为经济学的起点,这也是经济学将人从同一性还原为异质性的所在(贺京同等,2013)。

尽管行为经济学到目前还未形成一个具有广泛共识的系统、完整的理论体系,但是经过30多年的研究发展,行为经济学的分析框架、基本逻辑正在逐步完善和成熟。从新古典经济学分析框架出发,可以很清晰地看到行为经济学的发展脉络。

(一)修正新古典的经济人理性假设

新古典经济学对人的假设是自私的理性人,其效用函数的目标是最大化其经济利益。在这一假设条件下,人被抽象为一个完全自利的理性人,在行为环境中做出最优的行为决策。然而,现实社会中的人并非如此:人有时候是自私的,但也存在利他的动机,自爱和爱他人是统一的;人有着良心、同理心、正义和公平心、友好互惠等天性,这些天性是维系人类社会的基石,正如亚当·斯密在《道德情操论》中所言,"正义和责任感一旦缺失,人类社会这座大厦将会崩塌";人与人之间有着丰富而复杂的交往互动,这些互动会影响到人的理性判断和行为决策。行为经济学正是从人性出发,对传统经济学里的理性人假设进行了修正,从而使其抽象出来的模型更加符合复杂多变的现实社会。行为经济学对人的假设主要体现在两个方面:

第一,人的理性是有限的,在充满不确定性的世界里,人的行为不完全符合理性,生活中普遍存在着"非理性"行为。人的偏好天生具有很强的主观性,"它来自于愿望、思想、动机、情感、信仰和欲望的混合体"(Rieskamp et al,2006)。如果事先不知道个人要达成的目标,人的偏好是很难通过客观标准来评价的。新古典经济学假定的理性是完全理性,没有不确定性,假设偏好遵循的是逻辑自洽和内在一致性。然而,在实际的社会交往中,每个人的"个体知识"和群体的"共同知识"不同,而且个体在决策过程中很容易受到信息不充分、认知局限、计算能力以及执行力的限制,"逻辑自洽"和"内在一致性"就很难满足。因此,有限理性就成为行为经济学对新古典经济学扩展的起点。

第二,人的天性中不只有自利的心理,也有强烈的利他心理动机。因此,在新古典经济学的个人利益最大化这个假设条件下,很难解释合作、捐赠以及其他利他社会偏好。行为经济学把情感和道德因素引入分析框架,假设人可以从利他行为等心理中获得与金钱同样重要的效用。Fehr & Fischbacher(2002)认为,社会中的个体具有社会偏好,其效用函数中不但包含自我利益,还会考虑别人的感受和利益,即互惠、信任、公平和利他等心理也会产生效用,这与新古典经济学中的社会偏好和集体选择是不同的。也就是说,社会偏好不是一个同质的个体偏好的加总函数,而是考虑了个体的异质性。Fehr & Schmidt(1999)把公平模型化为一种自我中心式的不平等厌恶(self-centered inequity aversion),这种不平等厌恶是在个人收益与群体内其他人的收益的比较中产生的,个体本身对不平等没有厌恶感,只是当个体的自我收益低于或高于其他人的收益时,个体效用受到负面影响。类似地,Rabin(1993)也是通过行为结果是否平等来定义公平的。个体认定一个行为是否公平取决于行为背后的动机，而动机的善恶又是由行动产生的收益分布是否平等来决定的。

行为经济学的有限理性和利他等社会偏好的假设，改变了新古典经济学对动态和不确定性问题的困境，并通过与实验经济学、心理学、脑神经科学等学科方法的结合，扩展了经济学的分析框架。

（二）超越新古典经济学的分析框架

新古典经济学中构建的关于人的行为选择的分析框架，是一个有限约束下的优化问题，即在给定资源禀赋、技术条件和制度环境下，具有完全理性的个体最大化各自的利益。1959 年德布鲁发表了《价值理论：对经济均衡的公理分析》[①]，使一般均衡理论成为新古典经济学的公理化体系，萨缪尔森则建立了新古典比较静态分析方法。在独立性、相容性和完备性的公理化系统组织原则下，新古典经济学建立了自己的公理化体系，主要包括以下几个方面的公设、假设、公理和定理：第一，选择集合的闭性、下有限性和凸性公设，集合闭性对应消费者可确定选择范围，下有限性对应的经济意义是资源稀缺，凸性公设则保证了消费者行为选择在时间上的连续性和在空间的一致性，同时也保证了选择的多样性；第二，偏好关系的三个公理，即自返性、完备性和传递性，满足消费者选择的时间连续性、空间一致性、选择的独立性以及行为的内在逻辑一致性；第三，最优选择的存在性和边界条件最差的假设；第四，在上述假设条件下推出了三条重要的定理，即效用函数存在定理、一般均衡定理和效用函数可微性定理。

可以看到，新古典经济理性公理化的切入点是消费者的效用函数，这也是行为经济学挑战新古典经济学公理化体系的突破口，原因在于新古典对于消费者效用的公理化表述有很多地方与现实偏差较大。

行为经济学的分析框架是建立在行为心理实验和神经科学实验基础上的，从实验中所获得关于人的有限理性和利他行为的证据，从而拓展理论建模的前提条件。1979 年卡尼曼和特维斯基（Kahneman and Tversky）提出的前景理论

---

① Debreu G. The Theory of Value：An Axiomatic Analysis of Economic Equilibrium [M]. New York：Wiley，1959.

(prospect theory)就是建立在在大量的行为心理学实验研究的基础上的。他们发现,在不同的风险预期条件下,人们有着一定的行为倾向。卡尼曼和特维斯基把"前景理论"[①]所涉及的人在不确定条件下的行为总结为以下四个效应:

- 确定效应(certainty effect):面对确定性收益和有损失风险但收益相当的两种情况,人们倾向于选择确定性的结果,而对风险采取规避态度。

- 反射效应(reflection effect):面对确定性损失和有收益但损失风险相当的两种情况,人们更多选择后者,反映了人们规避损失的心理。

- 隔离效应(isolation effect):在众多的选择中为了简化决策,人们通常会无视这些不同选择的共同部分,而专注于差异部分。由于选择方式的多样性和预期的不同导致人们偏好的不一致。这与新古典经济中的预期效用理论不同,后者的行为决策仅由最后状态发生的概率来决定。

与新古典的期望效用不同,前景理论中的效用与相对于参考点(财富或福利)的变化量而非最终状态有关,而且还要考虑上述效应对行为决策的影响。因此,分别采用价值函数(value function)和决策权重函数来(dicision weighting function)来修正新古典经济学中的效用函数,考虑人的"心理因素"对行为决策的影响。价值函数与效用函数的不同之处在于:价值函数的目标是相对于参考点(财富或福利)的收益和损失变化,而不是绝对量;价值函数不是单调凸的,在收益部分是凹函数,在损失部分是凸函数,说明人们对风险的偏好态度会发生改变;为了反映人们对风险的厌恶,价值函数的边际损失敏感度比边际收益敏感度高,即禀赋效应(endowment effect);决策权重函数是概率的非线性函数,给概率大的事件以较小的决策权重,而对概率小的事件给予较大的决策权重,以表明个人对发生概率不同的事件重视程度的不同。

(三) 构建开放的理论体系和实证方法

可以看到,行为经济学的发展是与心理学、脑神经科学等学科的借鉴与融合紧密相关的。汪丁丁(2012)用广义选择算子来描述行为经济学选择模型,他

---

① Kahneman D, Tversky A. Prospect theory: an analysis of decision under risk [J]. Econometrica, 1979, 47 (2):263.

提到了广义选择算子的四大参量,分别是情境(situation)、记忆(memory)、情绪(emotion)、人格(personality),认为行为经济学近十年的研究将围绕这些主题与理性选择的关系展开。事实上,这些主题都与认知心理学、演化心理学、脑神经科学、生命科学有关,而且这些学科无论在理论层面,还是在实验研究方法和工具方面近年来都取得了长足进步,从而也推动了行为经济学向纵深方向发展。

事实上,早在 18 世纪亚当·斯密就曾在其著作《道德情操论》中论述过人的情感、道德和人格等因素对行为决策的重要影响,这些因素与他在《国富论》中提及的竞争机制一起,构成了控制人的自私动机、决定资源分配、确立市场秩序和社会规则的重要力量。但是,清晰描述情境、情绪、记忆和人格在理性决策过程中的参与程度与作用,是一项非常复杂而艰巨的工作。在没有脑部科学的突破性研究成果之前,人们对左右半脑如何参与理性决策过程知之甚少。后来,随着行为心理实验、脑科学技术手段的广泛应用,行为经济学对于理性选择的假设才有了客观科学的依据。尤其是在近年来的行为经济学实验研究中,一些医学手段被普遍采纳,如测血压、测心率,通过红外线仪器观察瞳孔扩张情况,通过核磁共振和正电子发射断层扫描(PET)观察大脑皮层活动等,为诸多行为经济学理论模型提供了生物学的基础。例如,Fehr & Camerer(2007)发现在人类的大脑中存在一个"多巴胺敏感脑区",这个脑部区域对于合作行为有着反应。在多巴胺系统相连的脑区中存在神经损失厌恶,并且它与行为的损失厌恶显著相关,证明卡尼曼的前景理论是有生命科学依据的。Fliessbach 等(2007)的研究发现,社会比较会影响在人脑腹侧纹状体与奖励有关的区域的活动,从脑神经科学的角度说明了社会比较具有生物学基础。

正是与其他学科的交叉融合,行为经济学的研究逐渐成为主流经济学的一个重要分支。在这些诸多的学科当中,最早与之关系密切的是实验经济学,近三十年来,行为经济学和实验经济学逐渐呈现融合的趋势,行为经济学为实验经济学提供了实验机制设计的理论基础,而实验经济学反过来又为行为经济学的理论假设提供了证据,检验和创新行为经济学的理论。实验经济学最早诞生于博弈论和产业组织理论,由于博弈论和产业组织领域的实证研究缺乏数据难以进行计量分析,因此经济学家们通过招募学生或其他参与者进入实验室,在事先设计好的博弈、拍卖、交易或串谋实验中,收集参与者的行为数据和特征数据,对已有的理论进行检验、修正或完善,揭示经济现象背后的一般性规律。

实验经济学的实验对象是人,在实验过程中人所表现出来的行为与新古典经济学的经典假设有着显著偏差,因此催生了行为经济学的实证研究。通过适当的实验设计、可控制的情境和程序,实验方法能够揭示个体的偏好特征和在集体中的心理特点和行为倾向。例如,早期的行为实验发现人具有两个明显的动机——公平和学习,公平意识的存在意味着人不再是单纯的自利动物,而是有着社会偏好,因此可以用于解释人类社会的很多合作现象,这在新古典经济学的静态分析框架下是很难解释的;学习效应意味着人的行为决策还应考虑"过程理性",这与新古典经济学所强调的"结果理性"有很大不同(Camerer,1998),这些实验发现是新古典经济学的分析框架所无法容纳的,因此很自然地被延伸到了行为经济学的研究中。

回顾行为经济学过去三十年的发展历程,可以清晰地看到,行为经济学尽管还没有形成一个严格、规范的理论体系,与其他学科的兼收并蓄也常被批评为"支离破碎"(贺京同等,2013),但也正因为它吸收了各个学科的最新研究成果,从人的社会偏好、情感、道德和人格等被新古典经济学忽略的重要心理因素出发,结合情境的变化和心理的演化过程,能够更有效地解释和预测复杂多变的现实世界,更为科学、全面地揭示市场运行和社会发展的客观规律,尤其是对于研究人类社会的合作、公平等问题,具有新古典经济学不可比拟的优势。

本书所做的关于义务教育均等化问题的研究,正是利用了行为经济学的这一优势,突破了新古典经济学的分析框架,从人的互惠心理和身份意识出发,研究在中国特殊的制度情境——户籍制度下教育不平等的问题,探讨作为公共品的义务教育实现均等化的路径以及相关教育政策的制定和实施。

二、教育问题的研究及行为经济学的应用

教育领域的研究浩如烟海,从不同学科看教育问题,就像看一个万花筒,让人眼花缭乱。如果把教育活动划分为教育机会、教育过程和教育结果,不同学

科对教育活动的研究十分丰富。例如,从社会学的角度对教育机会的研究,更多关注的是阶级分层、家庭等社会因素对教育公平的影响,而经济学则研究的是教育资源稀缺条件下的个体选择和政府决策问题,对教育产品经济性质的界定是教育经济学重要的起点。传统的教育哲学和教育理论大多聚焦的是教育过程,教育学、教育心理学、教育管理学等学科都关注的是教育过程中发生的教育现象和行为,而新古典经济学则把教育过程当成一个"黑箱",只是从投入产出的角度来考量人们的行为决策及其后果。

如前文所述,新古典经济学认为外在的激励才是行为的决定因素,而行为经济学则将心理学的内在激励引入分析框架,完善了在不确定条件下的人类决策行为理论。行为经济学认为由于人类大脑结构中由认知和直觉构成,偏离时间一致性偏好的可能将会导致行为决策次优的结果。在更为贴近现实的假设条件下,行为经济学理论的预测具有多样性和复杂性的特点。"许多基于行为经济学理论的政策可能成本更低,因为无论是信息传导还是行为选择方式的任何微小变动都可能会造成行为结果的巨大变化"(Lavecchia et al,2014)。在教育情境中,如果按新古典经济学的理论来解释受教育者的投入行为(包括资本投入、努力程度等),很容易得出非常不合常理的解释——学生在学校不努力,是因为他们觉得这样做是最优的选择(长期利益最大化)。但是,教育本质上是一个过程。"教育过程是教育的参与者之间就每个参与者,不仅是受教育者,而且是教育者的认知发展与道德发展,所展开的对话和不断阐释的过程"(汪丁丁,2001)。不打开教育过程这个"黑箱",就很难理解汪丁丁所说的"教育作为人力资本生产过程的投入状况以及这一生产过程内部的转换效率",解释教育过程中各种群体关系的相互作用,从而制定切实有效的教育政策。一般而言,教育成果是教育过程中诸多因素综合作用、相互影响的结果,如不同学习阶段学生完成作业的情况、内在激励程度、教师水平、教师对学生的关注程度、家庭教育等,都会对最后的教育结果产生影响。因此,用传统经济学里的人力资本模型以及相关的期望效用理论来解释一个动态演变的,且与情境、情绪、心理和人格密切相关的教育过程,显然是"力不从心"的。

近年来,随着各个学科的交叉融合,特别是经济学、心理学、神经科学、社会学和教育学的融合,一个更为全面、系统和科学地研究教育问题的视角正在逐渐形成。

（一）教育投入的行为经济学解释

在新古典经济学框架下，具有前瞻性的理性人应该根据未来教育投资回报率来选择当前的教育投入，包括资金投入和学生努力程度的投入。在时间一致性跨期效用模型中，折现率是不变的，而且未来收益的折现率大于未来损失的折现率。这一模型与行为经济学通过神经科学手段揭示的人脑发育特点以及与之相适应的行为决策模式相去甚远。神经和行为认知科学显示，随着年龄的增长，神经回路的连接增多，人的大脑皮层逐渐增厚，大脑的成熟过程大约要花超过 20 年的时间，负责思考、推理、决策等部分的大脑皮层（如前额叶区）是最晚成熟的。大脑皮层的这些区域成熟了，人类才具备整合与处理复杂信息的能力。也就是说，如果一个人尚在学校接受教育的时期，其用于决策的大脑皮层还没有发育，他对未来的教育收益是没有太大感觉的，很少会根据长期回报来理性地做出当下的选择，这无疑违背了新古典经济学里具有前瞻性的理性人的假设。

借助神经科学、心理学的实验，行为经济学研究在教育领域得到了广泛应用。Lavecchia 等（2014）在其综述文章中，总结了学生的教育行为决策呈现的一系列特点[1]，其中一条是：关注眼前利益。对于眼前利益或效用的关注，是由学生的大脑发育程度来决定的。在学生阶段，大脑皮层发展较为充分的是边缘系统（limbic system），这是情绪控制的中心，所以这个时期的孩子喜欢"及时行乐"，倾向于做立刻就能带来快乐的事情。他们在文章中提到了 Bettinger & Slonim（2007）做过的一个著名的实验：让 5～16 岁的孩子做两个选择，第一种选择是让孩子们领取实验后立刻可兑现的 10 美元礼物卡，第二种选择是领取在两个月后可兑现的多于 10 美元少于 25 美元的礼物卡。研究发现，孩子们中有 43% 选择了第一种。实验还表明，年龄大一些的学生对眼前回报的重视倾向明显减弱，男孩比女孩的耐性差，而且家庭的收入、教育和父母的耐性对孩子的表现没有显著影响。

Bettinger & Slonim（2007）的研究表明，对于尚未成年的孩子来说，耐性不

---

① 例如，教育决策非事前优化、关注眼前利益和身份认同、同伴效应等，下文将逐一展开分析。

是教育的结果,而是由人的大脑发育程度决定的,因此他们很难做出跨期决策。事实上,孩子们学习的机会成本是游戏、玩耍以及其他娱乐活动的时间,在他们的感觉中,学习的机会成本高于受教育的未来收益。他们更愿意接受那些短期就能得到回报的事情。这一结论的政策意义是显而易见的:一方面可以通过增加获得短期回报的成本来引导孩子通过努力学习取得好成绩,例如,对不交作业和逃课行为进行严厉惩罚;另一方面,可以通过增加学习的乐趣,使孩子们从中获得当下的"快乐"作为回报。

行为经济学进一步的研究显示,接受更多的教育可以改善"短视"问题,增加学生的长远意识。这就是为什么一些好的学校会安排很多杰出校友的讲座、国际交流活动等,这些课堂外的教育能增加学生的见识和眼界,让他们认识到接受良好教育对未来的重要意义。Becker & Mulligan(1997)的研究证实了这一点,他们发现给学生布置大量的课外阅读和写作作业,有助于学生对未来生活场景的想象,可以更好地理解未来。

人的行为同时受到"直觉"和"认知"系统的影响(Kahneman,2003)。大脑结构中的"直觉"控制中枢让人可以不假思索地做出判断,因此对于常规化活动的反应是一种本能、自动,减弱了对新信息的判断和处理能力,从而影响到人的长远决策。这与我们在实际生活中的观察是一致的。教育认知水平低的家长通常会凭经验和直觉来进行教育投入的决策。例如,在中国的农村和城市的弱势群体里,普遍存在着"读书无用"的看法,这些看法都源自于家长和学生对教育回报的狭隘认识,他们的经验不足以帮助他们了解通过读书改变命运的实际途径以及教育对人的长期影响,因此很多人选择了教育低投入。Avery(2013)的研究发现,来自弱势家庭的聪明学生申请学费低的名校比申请普通学校的失败概率高,原因是这些学生受到经济状况和家庭背景的影响,在申请学校的过程中发现、处理信息的能力较差,从而容易按部就班地选择竞争性弱的学校。认识到"直觉"在人的行为决策中所起的作用,就容易理解按部就班的常规性课程或学习对教育的投入及其长远目标可能产生的影响,有助于教育政策的制定和实施。

教育经济学所关注的教育资源配置效率问题,也可以从教育参与者的行为来解释。作为人力资本投资的教育,其长期回报率高于物质资本投资回报率,可是现实的情况是教育投资长期低于资源配置的均衡水平。汪丁丁(2001)认为产生这一矛盾的原因在于社会博弈的均衡格局和学生注意力沿时间配置方案的不确定性,尤其在小学阶段,"教育作为人力资本生产过程表现出了不连续性:投入的间断性,突发性,不稳定性"。

此外,行为经济学的研究发现,学生在群体中的身份认同会影响他们的学习投入。身份认同中的身份涉及很多方面,包括性别、年龄、种族、宗教信仰等。从社会学的角度去研究身份认同对教育的影响,强调群体互动本身对身份认同的作用,从而影响教育结果。行为经济学则揭示了群体互动中的心理机制和脑神经基础,从行为决策的角度对教育投入、教育过程和教育结果进行研究,有较强的实证数据的支持。

身份认同本质上是一种群体互动中获得的效用,群体效用和个体效用都是学生考量相应教育投入的影响因素。Akerlof & Kranton(2002)以及后来的一系列研究表明,在学校里与同伴、老师相处中所获得身份认同对学生的成绩产生显著影响。如果勤奋学习的行为在一个学生所在的小群体中得不到认同,那么这个学生用功读书就会被同伴视为不合群,从而影响该学生的学习投入程度。这种影响对年龄小的孩子尤其大,这与大脑发育成熟程度有关,只有当大脑皮层的"理性"区域足够发达,人才能基于长远收益做出理性决策。6~18岁这个年龄段的孩子,大脑皮层会对短期效应产生强烈反应,例如对来自同伴的接纳、友爱、敌意的情绪反应很敏感,从而影响了他们对远期教育回报的重视程度。当然,身份认同不仅仅限于学生与同伴之间,教师和学生之间也是一种群体互动,教师对学生的关心和鼓励,也会对学生的身份认同产生重要影响。从刺激学生大脑皮层的情绪反应的角度来看,要求学生树立长远目标,为拥有一个好的前途而勤奋学习的说教,远远不如在课堂上、在学习过程中给予学生阶段性的鼓励和赏识来得有效。

信息是否充分对学生在教育投入的影响也不可忽视。不了解教育对个人和社会的深刻影响,没有关于教育投入和回报的足够信息,就会导致家长或学生对教育投入的不足。强制性的义务教育其实就是一种为避免信息不充分导致教育投入不足的政府干预政策。即使在义务教育已经实行免费且基本普及的情况下,我国偏远地区的中小学生辍学比例仍然较高,一方面是因为农村孩子不上学可以帮助家里干农活,其教育投入的机会成本大于城市儿童教育的机会成本;另一方面的原因是这些地区与外界的沟通少,一般的贫困家庭对国家实施免费义务教育的政策信息不了解,不知道如何申请当地政府的教育资助。还有研究表明,因为不了解政府提供的助学信息以及其他可能获得资助的渠道信息,很多低收入家庭会高估高等教育的成本,从而选择了放弃上大学或选择费用低竞争力弱的学校(Lavecchia et al,2014)。这种由于信息不充分而造成学生在教育投入上的次优选择,与上文论述的由于学生大脑皮层"理性"区域发育不成熟、信息处理能力弱而造成的行为决策短期化,有着相似之处。

对个人而言,教育投入并不是外生的。在其他因素给定的情况下,教育投入的成本随着知识积累而发生变化。开始的时候,教育投入的成本是很高的,随着学习时间的积累,学生的知识和学习技能逐渐增加,教育投入的成本将逐步下降。如图 2-1 所

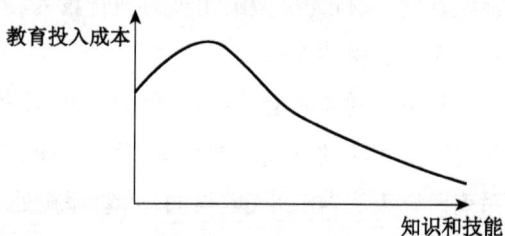

图 2-1　教育投入成本与知识和技能积累的关系

示,教育投入成本随着知识的增加而下降,与学习曲线①类似。这一规律提示人们要以动态的眼光看待教育投入,尤其要重视学前教育和基础教育阶段的学习,因为这是养成孩子良好学习习惯的重要时期。如果不能帮助孩子打下扎实的知识基础和学习技能,教育投入成本很难到达下降的拐点。

(二) 教育过程和结果的行为经济学解释

从行为经济学的角度研究教育过程,主要强调受教育的主体与教育环境的适应过程。受教育主体之间以及与其他参与教育活动的个体之间的行为互动,例如教师和学生之间、家长和学生之间以及学生与学生之间的互动,对教育的结果都会产生重要影响。在传统经济学模型中,学生投入学习或受教育的时间

①　学习曲线(learning curve)也称为经验曲线,是当产量到达一定数量后,单位产品的成本随着产品累计产量的增加而下降。

取决于其未来收益与机会成本之间的权衡,尽管近年来经济学家们在模型中考虑到了社会互动,但他们不能解释社会互动的本质(Akerlof & Kranton,2002)。阿克洛夫(Akerlof)和克兰顿(Kranton)把身份认同引入新古典经济学的框架,他们认为个人可以通过自己或他人的行为来提高自我认同,从而获得效用收益。而身份认同又与个人所处在的社会环境有关。社会环境通常是由各种社会属性来定义的,可以包括肤色、种族、宗教等,在教育情境下,社会环境还包括教师对学生评价标准以及学生之间形成的一种同伴氛围。个人在与群体的互动中获得与身份群体所匹配的身份认同或身份不认同。

在詹姆斯·科尔曼(James Coleman)等社会学家的研究基础上,阿克洛夫(Akerlof)和克兰顿(Kranton)把社会分类、学校理念等社会学视角纳入分析框架,扩展了传统的教育经济学模型。学校中的社会分类指的是与某种特征和属性相关的类型。他们的研究发现,学生会选择与社会分类相匹配的努力程度,从而影响到学习成绩。此外,他们认为,学校不只是一个传授技能的机构,还是一种有着强烈偏好的社会组织,学校所偏好的"社会分类"会对学生或家长的理念和行为产生影响。无论是校舍的建筑风格、餐厅的位置,还是每周的校长训话、老师的作业要求,都体现了一个学校的教育理念和对学生的评价标准。

在传统的经济学模型中,学校被设定成一种外生给定的环境,与学生之间不存在互动关系,但在阿克洛夫(Akerlof)和克兰顿(Kranton)的模型中,学校被设定为推崇某一种"社会分类"的机构。学生有两种选择,一是选择是否接纳学校的"社会分类",二是选择付出多大努力。他们的研究表明,那些与学校的"社会分类"和评价标准相匹配的学生,就容易在学校里获得认可;反之,那些与学校的"社会分类"标准存在冲突的学生,为避免自我评价降低,会对学校的教育产生敌意或消极情绪,从而影响其学习努力程度。他们的观点也被其他领域,如社会学、教育学的研究所证实。

教育经济学的兴起,与两位著名的经济学家、诺贝尔经济学奖获得者舒尔茨(Theodore Schultz)和贝克尔(Gary Beeker)有关,他们提出了人力资本的概念,将教育作为一项投资引入经济学的分析框架。以克鲁格(Alan Krueger)为代表的经济学家,从理论和实证上研究教育资源的投入和分配对教育结果的影响,教育资源包括学校经费投入、教学设施配备、师生比、教师水平等,他们用工资收入或学业成绩来衡量教育结果。而以弗里德曼（Milton Friedman）为代表的经济学家，则从教育服务的市场结构来分析教育资源配置的有效性，提出加大私立学校的比例，增加学校间的竞争，解决公立学校的低效率问题，提高学校的教育质量。而以 Charles Tiebout（1956）为代表的研究，侧重于学校经费来源的影响因素分析。这方面的研究涉及了社区、种族、意识形态、社会规范等社会学的概念。这也为后来经济学与社会学结合，向行为经济学的方向发展奠定了基础。

总之，在新古典经济学的框架下，学生投入学习的时间和精力是由机会成本和预期未来收益的权衡来决定的，学生通常会被假设成为一个具有长远眼光的理性人，而决定学校教育质量的是这所学校从外部获得的资源投入，这里忽略掉了学校内部的资源分配以及与学生之间的相互关系。学生获得的效用只有个体效用，而不考虑与其所在群体互动产生的效用。Akerlof & Kranton（2002）对这一框架做了扩展，借鉴社会学研究的成果，以学生为研究对象，将身份认同、社会分类、教育理念等社会学概念引入模型，分析学校内部资源分配的有效性。文章中，他们构造了一个加入了"身份认同"变量的学生效用函数，因此，学生的效用不但取决于其为学业所付出的努力以及获得的收入回报，还受到他们在学校里获得的身份认同的影响。学生从身份认同中所获得的效用与他们从属的社会分类的匹配度有关。社会分类是根据性别、种族或学生内部默认的群体属性（如运动类、书呆子类和厌学类）进行划分，当学生的行为或特征与相应的"社会分类"匹配时，即获得了所谓的身份认同。为了最大化效用，学生选择与之相匹配的"社会分类"以及努力水平。

除了在效用函数中考虑身份认同，Akerlof & Kranton（2002）还将学校对学生的影响引入模型，让学校可以在两种不同的教育导向上进行选择：一种是促进学生在社会规范、文化素质和技能方面的发展，另外一种是倡导与学生的社会背景相一致的教育理念。在这两种选择之间进行权衡，是社会学的研究范畴，但他们二人认为，这恰恰是传统的教育经济模型没能考虑到的重要影响因素。即使是就培养学生技能而言，可能也存在着社会分类的影响。因为对于某些特定家庭背景的学生而言，学校所推广的一些课程可能不适合他们，甚至还可能把这些背景的学生排除在课程之外。阿克洛夫（Akerlof）和克兰顿（Kranton)把 20 世纪以来美国教育发展过程中出现的三种典型的学校进行了模型化:第一种是具有单一价值观的公立学校,这些学校只认定一种社会分类,在学校的规章制度和纪律处分条例中明确了符合其社会分类的学生所应具备的行为规范;第二种是"购物中心式"学校。这类学校把学生视为顾客,给学生提供各种选择,赋予学生自由选课的权利,规定教师不能以任何方式强制学生接受某种行为规范或思想观念;第三种是引入改革的学校,这类学校通过改革减少学校与学生之间的社会差异,增加学生对学校的认同感,从而提高学生的成绩。学校的改革措施包括投入更多的资源进行校园社区化和学校认同感的建设,在课程设置、教学管理、纪律规范以及师生关系方面都体现着这一理念。

Akerlof & Kranton(2002)在文章中还研究了黑人和白人的学业成绩差异,基于高中学生样本的计量分析结果表明,在白人居多的学校,讨厌英语和数学的黑人学生比例高于白人学生,而在黑人居多的学校,讨厌英语和数学的白人学生比例高于黑人学生。虽然这一结论并不能完全解释黑人和白人学生的成绩差异,但却给了人们一个重要提示,学生对于其所属群体的合意学业标准或水平的反映是类似的,但为达到这些标准所付出努力可能是不一样的。

Akerlof & Kranton(2002)指出了从经济学的视角研究教育问题与其他学科视角的差异,认为经济学与社会学、教育学等学科的结合,更多关注学生的行为和心理,了解教师和学校管理者的动机和理念,有助于打开学校这个"黑盒子"。这篇文章也因此被认为是教育经济学向行为经济学扩展的开创之作,由此引发了后续一系列关于身份认同对教育结果影响的实验经济学研究。

(三) 教育政策的行为经济学基础

从经济学的角度审视教育政策,主要考虑的是政策干预如何增进资源分配的效率,这与社会学、教育学等其他学科的研究角度是不同的。然而,教育是一种非排他、不完全竞争的准公共产品,尤其是义务教育,是各国政府推行的普及型教育,是一项基本公共服务,以教育公平和均衡发展为目标。因此,教育政策的制定不但要考虑效率问题,还要兼顾公平,需要综合经济学、社会学、教育学、教育心理学等多学科的研究,才能确保政策的适应性和有效性。

行为经济学得以在教育领域的广泛应用,正是因为行为经济学是一门交叉学科,它融合了心理学、社会学和教育学的最新研究成果,揭示了学生、教师和教育管理者的行为决策机制,为教育政策的制定提供了更为科学可靠的依据。

从行为经济学出发研究教育干预政策,更多关注的是受教育对象自身的目标,而不是为了满足政策制定者自身的偏好。因此,评价教育干预政策主要看其是否帮助受教育者克服了教育过程中的障碍,优化了受教育者的选择和行为决策,促进了受教育者的认知发展和道德发展。

例如,鉴于学生在生理上的不成熟和心理上的"短视",行为经济学家认为,适时干预的教育政策能够激励学生在阶段性的学习中付诸努力,包括上课认真听课,按时完成作业,配合老师完成各项学习任务以及参加各种课外活动等,设计各种阶段性学习奖励计划和心理促进计划,弥补学生长期激励不足的问题。

社会交往对教育参与者所产生的相互作用和影响,是推动教育过程演变的内在动力。例如,在学习过程中,由于与学校的教育理念以及同学群体的社会分类不一致而产生的身份认同问题,影响了学生的学习积极性,他们不愿意付出努力争取好的成绩。又如,学生在与老师的互动关系中确立了一种认同与批判共存的思维方式,而这种互动关系又常常是不确定的,给作为过程的教育增加了复杂性和艺术性。因此,教育政策要重视社会交往对教育内容、方法和目的的影响,教育管理者要解决学生的身份认同问题,从学生自我评价、学校教育理念等方面出发,制定相应的教学体系。研究表明,同学之间的同伴效应对学生的学业有着显著的影响,教育干预政策应充分考虑同伴效应的存在,让学生之间产生促进学业进步的正面效应。

鉴于学生因信息不足或选择过多而造成的次优选择问题,教育干预政策应从信息处理方面入手。在入学考试、录取学校等关键信息的提供和咨询方面,学校应重点帮助那些信息处理能力不足的学生,这些学生大多来自父母知识背景不足或收入较低的家庭。学校管理应重视信息的透明度和信息交流,建立相应的信息平台和信息处理机制,帮助学生收集、筛选和处理有效的信息,加强与外部的信息交流。学校还应投入足够的资源,针对学生的个性特点和兴趣爱好,做出与之相适应的升学指导。

此外,学生进一步提高受教育程度的意愿很大程度上取决于学生的父母与周围朋友的受教育经验、对教育回报的态度以及对学生的鼓励,若要通过教育干预政策提高学生接受进一步教育的意愿,不但要干预学生在学校内的受教育过程,引导学生出于长期收益进行教育投入的理性思维,而不是出于直觉的短期行为,同时还要考虑学生父母及周围朋友对学生的正面影响。

除了学校内部的教育政策以外,来自学校外部的政府及其他组织对教育的干预政策也对学生的受教育机会、过程和结果产生重要影响。处于弱势群体中的孩子,受困于家庭收入、父母文化程度、生活环境甚至是制度偏见,无法获得平等的受教育机会,自由市场选择使这部分孩子的教育资源愈加匮乏,导致社会阶层固化以及社会贫富差距加大,影响社会的稳定和谐发展。为了消除群体间教育的不均衡问题,政府和其他组织的教育干预政策除了在资金投入、资源配置方面给予弱势群体以倾斜以外,还应从孩子的行为和心理出发,重视社会因素对孩子的学习意愿和学业成绩的影响,通过学校外部的社区建设和加强学校内部的资源利用效率,营造一个有利于孩子自由选择、健康发展的学习环境。

教育的终极目的是实现人的全面发展,即"最大限度地开启每个人的潜在能力和潜在价值"(汪丁丁,2001)。因此,面向未来的教育方式应该是个性化、差异化的,而个性化教育得以成功的前提是教育投入成本的增加和教育资源的极大丰富。在教育资源稀缺条件下,传统的标准化、规模化的教育方式是最大程度普及教育的必然选择。教育的公共性和个性化教育目的的冲突,决定了教育资源无法完全由政府或市场竞争的手段配置。如何从微观的行为和心理出发,借助技术手段和制度创新,结合政府和市场之手,达到教育资源配置的均衡状态,是教育经济学和行为经济学未来融合研究的重要方向。

本书后面的内容还将论及互联网与教育均等化的关系,探讨如何通过互联网教育跨越地域的局限,将优质教育资源以最低的成本共享给偏远、落后地区的学生,通过"教育+互联网"的形式,减少由于信息不对称、资源配置不均造成的地区间教育不平等的问题。

总　结

将经济理论应用于分析教育行为,并不是一件很容易的事情,其原因在于受教育者对教育产品和服务的需求是个性化的,同质化的教育只能解决教育在

"量"的普及问题,而无法适应未来社会对教育的"质"和创新的要求。更令人头疼的是,与教育有关的决策,通常不是由受教育者自己来决定的,即使可以自主决策,也会受到很多社会因素或周围其他人的影响,特别是在"家庭本位"的中国传统社会中,这样的影响不可忽视。教育本质上是一个过程,基于新古典经济学理论的理性选择公理只能推导出来简单的投入产出关系,关注不到教育的实际过程。

行为经济学是一门交叉学科,它融合了心理学、社会学和教育学的最新研究成果。在教育领域采用行为经济学的研究和分析方法,一方面可以将经济人变成普通人,把很多被经典理论假设掉了的重要因素(如人的心理和情感、道德等)纳入分析框架,尽可能以贴近实际生活的方式研究教育;另一方面,行为经济学的实证研究为探索如何提高教育质量提供了有力的工具。通过田野实验或实验室实验的方法,可以帮助研究者搜集到能够证实预先假设的证据,避免在教育政策制定过程中的盲目自信或悲观。

第三章　身份认同与义务教育均等化

实现世界和谐的希望很大程度上取决于我们对人类身份多重性的更为清晰的把握。

——阿马蒂亚·森（Amartya Sen）

最令人反感但也最难根除的不平等的源头之一就是歧视，既包括今天正在进行的歧视，也包括过去遗留下来的歧视。

——约瑟夫·斯蒂格利茨（Joseph Stiglitz）

社会学意义上身份认同（identity）指的是自我认识，是个体区别于其他人的独特存在。"身份认同"一词具有两层含义：一是对"身份"的定义，即以某种社会属性或特征确认个体在社会中的位置，这些特征包括种族、宗教、性别、语言等；另一层含义是"认同"，指的是个体在定义自我的过程中寻求与群体属性或社会特征的匹配和确认。身份认同是在特定的客观环境和历史条件下建构起来的，因此不是一成不变的，会随着个体所处的环境和历史语境的不同而发生变化。尤其是在全球化的开放条件下，要素在世界范围的流动日益频繁和加快，使得身份认同的问题也呈现出动态、复杂的特点，并且对经济、政治和教育的结果产生重要影响。

前文已经简要论述过身份认同与教育的关系：学生的受教育过程，也是一个与学校的教育理念、同学群体的相互磨合和接纳的过程。在融入的过程中，是否与学校的价值理念相一致，是否与所认定的同学群体匹配，都将对学生的努力程度产生影响，从而影响其学业成绩。在经济学的框架内，身份认同与物质消费一样,是效用函数的变量,从而影响了资源配置的效率。在没有任何政策干预的条件下,身份认同的自我选择可能导致个体行为的次优结果,社会福利的结果也可能是非有效的。

在中国这样一个转型经济社会里,由于跨区域流动、迁徙产生的身份认同问题与中国的户籍制度有着密切关系,户籍制度是中国改革开放以前为了限制人口流动、固化城乡分割的一种制度安排,在现代大流动、大迁徙的背景下,越来越不能适应时代的要求。在工业化带动城市化发展的进程中,农村大量富余劳动力涌入城市,成为在城市里务工,但又无法拥有城市合法身份的"农民工"。他们的存在,为中国制造业和城市服务业提供了低廉的劳动力,但与此同时,他们在融入城市生活过程中也遇到了身份认同的危机,户籍制度限定了农民工的"农民"身份,但其自身在城市的工作和生活又在实际上定义了农民工的"市民"身份,造成了他们与城市群体的社会关系充满了矛盾,这种矛盾直接影响到了与他们一起到城市里生活的随迁子女的教育。

那么,从行为经济学的角度来研究身份认同与义务教育均等化的关系,其中的逻辑在哪里呢? 身份认同与社会歧视是否等同? 在中国城乡二元经济结构和户籍制度背景下,怎样通过提高农民工的身份认同,进而影响随迁子女在受教育过程中的心理状态和学业表现,促进城市移民群体的社会融合,提高义务教育的均衡化发展水平? 在下面的章节中,我们将逐一回答这些问题。

一、身份认同的界定

身份是有关个人在情感和价值意义上视自己为某个群体成员以及有关隶属于某个群体的认知,而这种认知最终是通过个体的自我心理认同来完成的,也就是说,它是通过认同实现的。因此,身份认同是人们属于某一社会范畴或群体的自我意识,及其价值观念与行为模式的认可。具体说,它是人们"对自己在社会中的地位、位置、角色、形象和与他人的关系的性质的接受程度"(王宁,2001)。在某种意义上,身份认同就是个体将这些社会范畴及其相互关系内化,并产生某种群体情感和价值判断。

关于"身份"的相关文献已清楚地展示了这么一个事实:对拥有特定身份的

特定团体的归属感会对个人行为产生强烈影响。社会心理学研究证明,归属于某一特定群体的人们倾向于对群体内成员徇私,而歧视群体外成员。社会心理学研究通常采用"最小群内身份设定法"——在任意选定的标准下组建起一个特定群体,随后的个体行为将受到此群体的影响(Ellemers et al,2005)。他们通过实验观察到,即使在建组标准变化相对较快的情形下,身份的影响仍然存在。在冲突和盟友不断变化的环境中,群体身份的灵活性很重要。例如,美国政治选举中,初选中的对手为进入总统大选不得不组成一个新的共同团体,以获得团成员的身份认同(Rand et al,2009)。神经科学的研究为行为变量和身份情感之间的相关性找到了一些证据。信任和群体内行为均受到一种叫"催产素"荷尔蒙的影响,人们更倾向于信任群体内成员,而对群体外成员的防备心更强。此外,在对抗外部群体的时候,研究人员观察到男性体内的睾丸素明显增加。虽然这个神经学理论还处在初级阶段,但足以说明身份情感对个体的决定行为有较显著的影响。

把身份问题系统性引入经济学分析的人是阿克洛夫(Akerlof)和克兰顿(Kranton)。他们提出身份影响经济结果的分析框架,在模型中,他们把身份认同界定为对于归属某个特定社会群体感觉的自我认同。在此模型基础上,一些研究解释了为何文化背景同质性高的社区学校可以得到长期资助并且管理得当(Alesina et al,1999)。在最近的一项研究中,Akerlof & Kranton(2008)提出了一个劳动经济模型,证明了在企业里,构建老板和员工之间的身份认同是提高生产率的重要保证。关于身份的经济研究可以归入一个更为一般性的领域——社会偏好(Charness & Rabin,2002)。社会偏好概念指的是个人不但关心自己的收益,还关心他周围人的收益。身份可以定义为具有相同社会偏好群体之间的边界。在身份群体内,个人的效用受到其他成员的收益的影响。Chen & Li(2009)研究了不同身份的群体内部成员的社会偏好问题。他们发现组内成员的社会偏好明显不同于组外成员的社会偏好,尤其是组内成员之间的嫉妒感要弱于组外成员。因此,相同身份的成员可能更容易达成共识和合作。

在教育情境下,身份认同对群体之间的合作和排斥形成影响,造成教育资源的不同配置结果。在很长一段时期,学术界把身份等同于经济或种族背景,认为身份是一种由社会和经济地位确定的外生给定,因此大多数学者研究的是身份认同影响特殊群体获得平等教育起点的公平性问题。而近来的心理学和生物学研究表明,身份认同是一个外部因素与内在情感互动的过程,不但影响教育机会的获得,也对教育过程中的公平性产生重要影响。Fryer & Jackson (2003)建立了一个信息分类模型,他们把身份定义为自我分类,用该模型解释教育中的歧视现象,分析来自少数族裔和弱势群体的学生如何形成被教育系统所排斥或隔离的身份认同。

下面我们将通过行为实验,确认基于中国户籍制度的歧视如何影响行为决策。尽管从很多数据和研究中,我们对户籍制度产生的经济后果有所了解,但在实际决策过程中,我们并不知道户籍制度是如何影响人的决策过程的,也不太清楚具体的行为心理机制。行为经济学和实验经济学可以帮助我们打开这个"黑盒子"。更重要的是,由于义务教育阶段的孩子受到家庭的影响最大,父母的身份认同意识会"天赋性"地传给自己的孩子,直接影响到他们对生活和学习环境的融入状态。因此,在研究农民工随迁子女的身份认同与义务教育均等化问题之前,首先要弄清楚农民工这个群体自身的身份认同是如何影响其行为决策的。

二、身份认同的行为经济学实验

(一) 歧视和身份认同

所谓歧视,就是人们对不同特征群体的不同行为反应。所有的社会都有歧视存在,有些特征属性相对明显,或至少有着共同的天然基础,如性别,篮球运动员的身高等;而有些属性则具有一定的随意性,例如身份认同所赋予的"属性"。当歧视的理由具有随意性时,歧视的动机就不太明显了。正如 Becker (1971)所指出的那样,动机不明显的歧视与统计意义上的歧视有所不同,研究前者有助于我们理解以偏好为基础的歧视。

对个体而言,偏好可能是与生俱来的,也可能是因受到公共政策或制度的影响而外生的,即所谓人为的偏好。一般认为,人们在交往中对某种具有特定属性对象的偏好导致了歧视行为的发生。而另一种解释则认为,某种特定属性会形成一种身份,身份认同影响人们的行为模式,从而形成歧视。中国户口制度把普通居民分成两大类,即拥有城市户口的城市居民(非农业人口)和拥有农村户口的农村居民(农业人口),这就是一种由制度引致的身份差异。拥有本地户口的城市居民可以获得农村居民和其他外来人口所不能完全享受到的包括教育、住房和医疗等各种福利。与印度相比,中国因为户口制度造成的身份差异较为简单,因为中国没有明显的种族阶层,汉族占总人口的91.5%。户口制度起初是为了限制人口的城乡流动,经过几十年的管理和强化对经济产生影响,这与依据历史长期以来形成的阶层或种族来划分人群不同(Afridi et al,2015)。中国户口制度能够帮助我们更容易了解由于政策或制度造成的身份认同差异,探讨身份认同差异所导致的歧视及其后果,从而理解政策如何通过个体层面的心理和行为因素作用于收入差距和教育不平的问题。

　　下面我们将在实验的框架下研究基于偏好和统计上的信念所导致的歧视。为了研究对外地居民的歧视,我们在南京招募了钟点工[①]作为实验对象,这些钟点工有两种身份状态,既有来自本地的城市户口,也有来自外地的农村户口。在礼物交换博弈(Gift Exchange Game,GEG)中,我们给本地和外地钟点工分配了雇主和工人的角色,研究基于身份认同(由户口因素外生给定的)产生的歧视。在工资承诺博弈(Wage Promising Game,WPG)实验中,我们区分了基于统计的歧视[②]和基于偏好的歧视[③]:雇主首先作出一个无约束力的工资承诺,工人获知工资信息后选择努力水平;最后,雇主观察努力水平后,给出其愿意支付的工资。

　　本研究的方法与 Fershtman & Gneezy(2001)的方法类似,他们做了信任博弈和独裁者博弈实验,研究不同家庭背景学生之间的刻板印象(stereotype)导致的偏见性歧视。Fershtman & Gneezy(2001)研究的是基于家庭历史的随意性歧视。我们感兴趣的是公共政策导致的歧视。在我们的实验中,实验对象的户口状态是外生的,这与 Ball 等(2001)的研究不同,在后者的实验设定中引

---

① 　按工作时间计算劳动报酬的家政服务人员。
② 　统计性歧视是对个人按其所属群体的平均情况而非个人特征来加以判断或对待。
③ 　偏好性歧视是指按照个人偏好或喜好而形成的不同看法或行为。

起歧视的状态变量是内生的,他们发现社会地位较低[①]的参与者在交往中表现得较为顺从。中国的户口制度是给定的,由此我们可以对制度所造成的实际歧视与 WPG 实验所引致的基于偏好的歧视进行比较。在关于中国户口制度及其社会影响的文献中,大多数研究采用的都是调查数据(Wang & Zuo, 1999; Démurger et al, 2009),本文使用实验经济学的方法能够获得通过调查很难获得的关于行为和心理方面的数据。

(二) 劳动力市场的户口制度

中国的户口或户籍制度,要求居民只能在他们获得法定许可的地方工作和生活。这一制度是于 1958 年推出的,最初是为了限制人口流动,特别是城市与乡村之间的人口流动。在中国,每一个公民出生时都要登记户籍所在地,因而人口被划分为两类,一类是农业(农村)户口,一类是非农业(城市)户口。这种划分使得一个城市的居民被人为分成本地居民和外地居民,本地居民是指那些拥有当地城市户口的居民,而外地居民是指那些来自农村或其他城市的居民。自户口制度实行开始的二十多年里,农村户口的居民是不允许迁移到城市的。但到了 20 世纪 70 年代末,中国开始实行改革开放,少数的农村居民可以向城市迁移。到了八九十年代,随着中国出口贸易及服务业的迅速增长,城市对廉价劳动力的需求日益增大,越来越多的农村居民开始向城市迁移。虽然他们可以在城市工作,但由于农村户口的限制,他们无法享受那些属于当地城市户口居民的福利。

在户口制度最初开始实施阶段,户口身份是根据出生地来确定的,是不可变更的。到了 20 世纪 90 年代中期,户口制度有了稍许松动,可以进行变更。比如,当地政府可以根据教育程度及财产水平,允许那些符合规定的居民将身份从农村户口转为城市户口。随着城市向周边农村扩张,农村土地被划归城市,农民的户口可以变更为城市户口。在这种情况下,人们将户口身份的变更作为失去土地的补偿。尽管在某些方面政策已有所松动,但实际上城乡二元结

---

① 社会地位是由人们在社会认可的层级结构中的高低决定的,这种层级可能是基于技术或某方面的成绩。在不同的社会群体里,人们对层级的看法不同。

构并没有得到根本改变。事实上,只有很少的农村居民能够满足变更户口的学历及财产水平的要求,并且城乡融合的区域也只是小面积的。总的来看,尽管户口制度一直都有变动,但对大多数人来说,根据个人身份来划归群体的这种做法,一直对城市移民的生活产生重要影响,特别是在那些经济活跃的大城市或地区。Liu(2005)和 Démurger 等(2009)在他们的研究中就这一制度的主要发展做了综合概述。

随着中国城镇化进程的深入,户籍制度的改革逐步展开,但对于中国这样一个农村人口庞大、区域不平衡的国家来说,彻底改变城乡二元结构,实现人口的自由流动、消除城乡差别还有很长一段路要走。因此,在相当长的时期里,户口身份仍将影响人们的社会关系以及个人决策。这种与住房、就业以及教育息息相关的身份划分体制所带来的经济影响在很多文献中有过广泛讨论。Wang & Zuo(1999)对城市移民不稳定的生活环境作了如下描述:"大多数农村人口移居到城市,只能从事一些工时长、环境差、工资低、不稳定且没有福利的边缘工作,这些工作一般是不会吸引城市本地居民的。"此外,Wang & Zuo (1999)指出,外地移民通常工作时间更长、工资更低,这意味着身份差异及所受的歧视将改变城市移民的行为,从而可能导致统计数据中的社会群体间收入差距实际被低估。

在后来的文献中,相关学者从各个方面对户口制度进行了评估,并试图对其影响作出更确切的结论。Liu(2005)量化估计了城市户口对于农村居民的价值,认为这一价值介于 2 741 元至 45 654 元,它包括了对优质教育、高薪工作和高品质生活的获得。货币成本的估计主要是基于教育的价格及可获得程度进行测算的。研究表明,户口制度将使得社会不公平长期存在。Whalley & Zhang(2007)假设了一个没有户口制度限制的人口流动迁移环境,并通过仿真模拟进行比较,得出了同样的结论。

关于户口制度对劳动力市场的影响,Lu & Song(2006)研究了外来务工人员的工资,发现他们总体的工作条件差,虽然从表面看来他们的工资与本地工人的工资没有显著差异。换句话说,差异的主要来源是那些外来务工人员所无法获得的边缘福利。他们指出,外来务工人员的工作时间更长,小时工资相对较低,同时大多数都是短期雇佣关系。同样地,Démurger 等(2009)的研究表明，不稳定的工作条件广泛存在于外来移民群体中，他们的时薪有着显著的差异，而且难以获得好的工作机会，表明身份歧视导致了收入差异。Zhang(2010)也对外来务工人员和本地工人在获得工作机会方面的差异进行了研究。他认为，由于与户口身份相关的制度性歧视的存在，增加了工作搜寻成本及失业成本，减少了外地移民获得工作的机会。因此，当影响劳动生产率的因素（如年龄、教育程度等）不变时，外地移民相较于本地居民而言，其待在一个工作岗位的时间会更长。这表明，外地移民对工作条件的要求较低，他们更愿意长期从事某一项工作，这就使我们有理由假设，个人的身份地位会改变他们的行为决策。例如，由于工作机会不均等而产生的不同谈判地位，可能会改变个人在劳动力市场的工作选择。

由此，可以合理推测，移民的户口身份能够强化雇主与雇员之间的委托雇佣关系。在现实中，雇主更喜欢雇佣本地居民。然而，本地工人拥有更多的工作机会，例如他们可以利用自己的社会关系来找工作，所以他们随意变换工作的可能性更大。为了防止本地工人的离职，雇主会倾向于支付更高的工资来挽留他们，或是激励他们更努力工作。反过来说，雇佣外地工人可能更便宜，因为他们会为了保住工作而努力工作。然而，这种论证只是基于货币报酬的考虑，而实际的行为可能会受到其他心理因素的影响。例如，互惠主义可能会使得外地移民付出较低的努力来报复低工资和差环境。因此，我们可能会观察到低水平的互惠均衡。

（三）基于户口制度的身份认同实验

1. 研究背景

如果考虑了市场参与者的心理因素，户口制度对于劳动力市场的影响就变得更为复杂，城市居民身份究竟在多大程度上导致歧视的动机发生改变，现有文献还没有多少深入的研究。为此，我们用实验模拟劳动力市场，控制影响决策模型的重要因素。在实验中，决策都是预先设定好的一系列选项，因而实验对象的行为是可以进行清晰比较的。例如，工作努力程度在实际中可能是多元化的（涉及质量和完工程度），并且是难以观察和测量的，然而这一问题可以在实验的框架下得以解决。另外，群体间的交互作用也可以在实验中得到控制。

例如,有着相同职业背景的人可以进行比较和配对,这就避免了将工作环境、教育程度等方面有所差异的对象进行比较。

就实验而言,我们希望实验参与对象拥有实际工作经验,并且能够包括本地户口及外地户口。因此,我们选择南京的家政服务人员作为实验对象。他们主要从事家政服务工作,例如清洁、烹饪、照看老人和孩子等。这些家政服务人员主要由本地居民和外地居民组成,并且外地(农村)居民占大多数。他们的教育程度、年龄相似,因而有利于比较研究。着眼于这类低技能、低收入人群的研究,能够使我们在一定程度上避免了户口的内生型问题——即可以通过教育和收入来改变身份、获得本地户口,因为户口身份和教育(收入)之间可能存在因果关系。

实验中的大多数外地家政服务人员来自于农村地区,其户籍所在地距离位于中国东部地区的南京实验现场大约 5～6 小时车程,只有少部分人来自于内陆或西部偏远地区。此外,选择对家政服务人员进行研究还有着深刻意义。因为在改革开放初期,家政服务的劳动力主要来自于农村,而非城市。直到 20 世纪 80 年代末,随着体制改革和民营私有化,国有企业解雇了一些低技能或富余劳动力,这使得越来越多的本地居民加入到家政服务业中来。在这些失业工人中,那些低技能或是中老年妇女要想在民营私有企业或是其他商业企业中再就业,有着相当大的困难。因此,这些妇女大多数失业在家或是做起了家政服务。

2. 实验设计和实验参与者

本研究首先采用的是礼物交换博弈实验(GEG),这一博弈实验最早是在 Fehr 等(1993)的研究中使用。GEG 博弈实验把雇主与雇员之间的关系刻画成为 Akerlof(1982)所描述的礼物交换关系。在劳动力市场的情境下,博弈实验的雇主首先给出工人一份工作及其相应的工资报价,工人可以选择接受或拒绝这份工作。如果工人拒绝,游戏结束,雇主和工人可以获得一份选择之外的报酬。如果工人接受这份工作,工人就必须选择相应的努力程度作为工资的回报。图 3-1 描述了礼物交换博弈实验的顺序结构。在参加实验前,参与者被简单告知所参加的是一个关于雇主和工人之间的互动实验,实验指示所采用的是劳动力市场情境下所特有的语言。

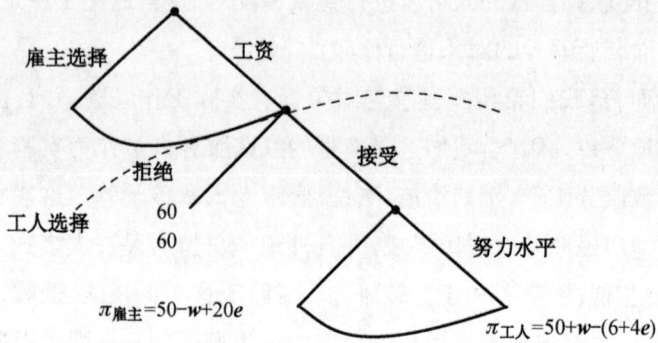

图 3-1　礼物交换博弈过程

本研究还采用了第二个博弈实验——工资承诺博弈（WPG）。在 WPG 博弈实验中，雇主首先对工人作出一个无约束力的工资承诺，工人可以选择接受或拒绝作为回应。如果工人选择拒绝，则游戏结束，双方均可获得选择之外的报酬。若工人选择接受，则工人付出相应的努力。然后雇主观察其努力程度，从而决定给工人最终的工资报酬。采用这个博弈实验有两方面的原因：一是 WPG 博弈刻画了劳动力市场可能会发生的情况，即工人的利益不受保护，特别是工资得不到兑现；第二，通过比较 GEG 博弈与 WPG 博弈，可以区分基于统计和基于偏好的歧视。图 3-2 是关于 WPG 博弈的结构图。

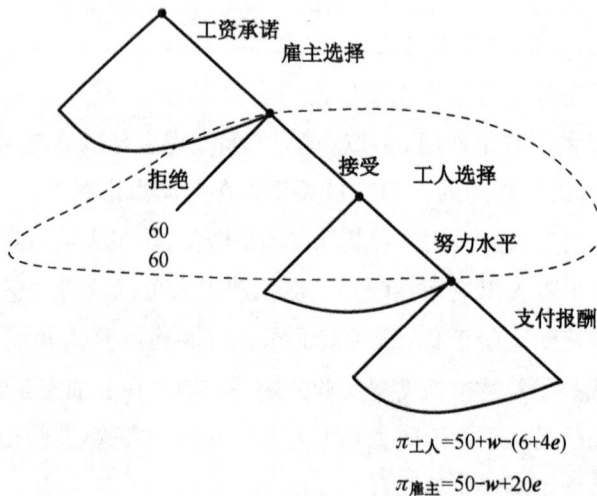

图 3-2　工资承诺博弈过程

　　博弈实验采用了尽量简化的报酬函数和工资水平，便于雇主和工人对照实际劳动力市场的情况作出判断。例如，承诺的工资和最终报酬介于 5～100 元，在工人选择接受工作的情况下，用从 1 到 10 的数字衡量其努力程度。

　　本实验采用的决策变量和报酬函数借鉴了 Gächter & Fehr(2002)的研究。当工人拒绝雇主的提议时，两人得到的报酬都为 60 元。当工人接受雇主的提议时，双方得到的报酬如下所示：

$$\pi_{employer} = 50 - w + 20e \tag{1}$$

$$\pi_{worker} = 50 + w - (6 + e) \tag{2}$$

　　上述两个博弈实验都存在一个唯一的子博弈完美纳什均衡：双方都获得一个外部收益，即工人拒绝所有的工作报酬。过去的研究证据表明，这两种博弈实验都存在互惠行为。除了可以从社会偏好的角度解释互惠之外，还可以用效率来解释——双方收益的增加与工人的努力程度成正比。Gächter & Fehr(2002)对利用 GEG 博弈实验开展的研究做过综述。在 WPG 博弈实验中，我们假设雇主所做的承诺是与工人的选择有相关性的，因为雇主可能会为了避免发出错误信号或是出于内疚而不愿撒谎(Gneezy，2005；Charness & Dufwenberg，2006；Ellingsen et al，2010)。

　　每场实验都要进行上述两种实验，并且每种实验都要连续进行 8 期，总共 16 期。不同的场次之间，两种实验的进行顺序会有所变化。在每一期实验里，雇主和工人是随机配对的。在所有的 16 期实验中，随机选取了 4 期事先确定了最终报酬。这样做的目的是为了避免财富效应以及在实验过程中随着时间积累而产生的声誉效应。实验开始时，参与者被随机分配担任雇主或工人的角色，并且持续到游戏结束为止。实验过程还根据户口状态和角色进行了分组，其中有纯本地户口组、纯外地户口组、本地雇主外地工人组以及外地雇主本地工人组，如表 3-1 所示。

表 3-1　实验参与者分组情况

		雇主	
		本地	外地
工人	本地	80(48, 32)	24(24, 0)
	外地	96(56, 40)	80(32, 48)

两个不同户口组别进行博弈互动时,参与者的户口信息会出现在计算机屏幕上。例如,一个本地雇主与一个外地工人配对时,计算机会提示双方与之互动的参与者的户口来自本地还是外地。户口提示信息仅是通过屏幕显示的方式出现,而没有口头告知,是为了避免出现大于实际生活所能观察到的"需求效应"。

实验采用瑞士苏黎世大学开发的 Z-tree 软件(Fischbacher,2007),在实验室完成。使用计算机进行博弈实验的好处是容易搜集交互数据,观察群体互动行为和歧视心理是否随时间而变化,同时方便应用不同的方法进行比较。总的实验时间大约1.5~2个小时,安排座位和向参与者进行实验说明占时较长。实验币的兑换率是5∶1,即五个实验币可以兑换一元人民币。最后,参与者获得的报酬在40~120元不等,平均大约为每小时40或80元,这与实际生活中的报酬相当。

3. 实验参与者

我们在南京招募了家政服务人员参与实验,家政服务人员又称为钟点工。选择家政服务人员这个群体作为实验对象是因为他们非常符合本实验对参与者的要求——他们的收入和教育背景相似,而且样本个体在文化方面的差异(例如方言、烹饪习惯等)较小。聚焦于低收入人群可以把户口看成是外生变量。我们通过本地劳务市场和培训学校两个渠道招募这些参与者。

为期5天的博弈实验共招募了37组参与者,每组8名家政服务人员。实验是在2010年11月至12月的七周时间里完成的。由于每组只需要8名参与者,总共有约26名(约8%)的多余人员,我们支付给他们"出场费"(show-up fee)。由于组员在配对过程中出现了错误,导致2组共16名参与者被剔除出样本。这样,实验共有280名有效样本,其中99%为女性。在每个博弈实验中,我们共收集到了2 240条关于个人决策的信息。

表3-2 行为实验统计数据描述

变量	本地户口			外地户口		
	均值	标准差	观察值	均值	标准差	观察值
年龄	44	7.4	136	41	6.7	136
收入(元)	1 911	703	108	1 982	578	123

续表

变量	本地户口			外地户口		
	均值	标准差	观察值	均值	标准差	观察值
周工时(小时)	35	23	108	37	26	124
月房租(元)	276	301	107	398	314	114
雇主数量	3.7	2	108	3.8	2	124
男性比例	0		140	0.02		140
已婚比例	0.98		136	0.99		136
子女数量	1.19	0.4	109	1.51	0.6	118
兄弟姐妹数量	3.60	1.5	111	4.02	1.8	123
党员比例	0.04		108	0.05		124
上岗证	45		108	52		124
教育背景	人数		比例(%)	人数		比例(%)
高中	45		33	17		13
初中	80		59	77		57
小学	10		7	42		31
无	1		1	0		
总计	136			136		
更换雇主						
频繁	7		6	9		7
偶尔	22		20	25		20
很少	79		73	90		72
总计	108			124		

实验最后一个环节是问卷调查,所有参与者都回答了大部分问题,有助于我们对不同户口身份的参与者进行比较研究。根据问卷回答得到的统计数据如表3-2所示。统计数据证实了我们的假设,即不同户口身份的家政服务人员是具有可比性的。数据表明,与本地居民相比,外地居民拥有较多的子女和兄弟姐妹,这也反映了中国人口的普遍特征。家政服务人员是一个低收入、低学历的群体,只有极少人有党员身份。由于参与实验的人员需要会认字和书写,进入实验环节的家政服务人员都是经过选择的,因此可以会存在一定程度的选

择性偏差,但不会影响我们所要研究的歧视效应。

在实验样本中,本地居民与外地居民差别最大的是学历,外地居民平均受教育水平低的原因是这部分人主要来自农村,中国农村的教育水平普遍低于城市,如表3-3的数据所示。这说明实验样本中两个户口身份群体的受教育水平差异,与个体本身的能力特征无关,而是源于城乡教育水平的差距,这两个群体是具有可比性的,因此户口状态可认为是外生的。

表3-3 中国城乡居民的平均受教育水平(2010)

	没有受教育	小学	初中	高中
农村	10%	38%	42%	9%
城市	3%	17%	35%	44%

数据来源:中国统计年鉴(2010)

4. 实验结果

1) 假说

通过博弈实验,我们想知道对城市外来移民的歧视是否可以被观察得到。我们提出了如下假说:制度性歧视导致了个体层面的偏好性歧视,原因是政府制定的户籍政策给公众造成了一种社会偏见,即认为没有城市户口的外来移民"天生"是低人一等的,他们可以接受更低的工资和更多的工作。因此,我们预期在实验中外地工人获得较低的报酬,即使其行为表现与城市居民毫无差异;在其他条件不变的情况下,外地工人将给雇主的回报更多,因为他们预期自己将受到歧视,从而产生过分补偿的心理。通过实验,我们希望进一步了解统计性歧视在行为决策中的作用:在礼物交换博弈实验中,雇主也许会因为相信外地工人可能回报更多而采用歧视性策略;在工资承诺博弈中,因为工资报酬是事后决定的,所以歧视的差异不能被统计原因所解释。

假设实验中的歧视主要是基于偏好的,那么我们预期,相比于礼物交换博弈(GEG),工资承诺博弈(WPG)中作为雇主的外地人在工资报价方面的歧视较低,但在最终支付阶段,歧视显著高于礼物交换实验。若歧视主要是偏好性歧视,则实验中给外地工人的工资报价与雇主的户口状态无关;而外地工人对外地雇主回报的努力程度较低。如果不存在统计性歧视,那么在实验中我们将观察到作为决策者的雇主或工人的户口身份不会对他们的行为决策产生显著影响。

2) 实验数据

实验数据表明,对城市外来移民的歧视是存在的,而且两个博弈实验有所不同。我们还发现,户口状态对个体本身的决策只有很弱的影响。这说明,基于户口状态的个体层面上的歧视主要是偏好性歧视而非统计性歧视。

在礼物交换博弈实验中,我们发现相当多雇主的工资报价较高($w \geqslant 70$),而与之相对应的是工人较高的努力工作程度,反映了互惠关系的存在。此外,拒绝工资和给出最小努力水平的工人也比较多,为了避免损失,工人们在面对雇主的低工资时可能会以最低的努力程度作为回应。此外,我们也观察到了一部分的非互惠行为。

工资承诺博弈实验的决策变量和互惠行为与礼物交换博弈实验的结果类似,这表明"廉价对话"(cheap talk)对雇主和工人都没有产生显著影响,雇主似乎不愿意违背最初高工资的承诺,最后仍然给工人支付了其所承诺的高工资,但由于最终报酬与工资承诺和工人的选择都有关系,所以解释起来需要十分谨慎。

表 3-4　统计描述:博弈顺序与博弈对象的重要性

变量		先开始 GEG				先开始 WPG			
		本地博弈对象		外地博弈对象		本地博弈对象		外地博弈对象	
		均值	标准差	均值	标准差	均值	标准差	均值	标准差
GEG	工资报价	68	31	72	26	79	27	74	26
	努力水平	5.3	4.1	4.6	4.1	5.9	3.9	5.0	3.8
WPG	工资报价	70	31	72	25	83	25	76	24
	最终工资	71	33	63	33	76	31	72	29
	努力水平	5.9	4.0	4.8	3.8	6.6	3.6	5.4	3.8

表 3-4 给出了两个博弈实验所用到的决策变量。如表所示,行为决策的结果与博弈的顺序有关。可以看出,对城市外来移民的歧视是存在的,尽管不明显。事实上,并不是所有的行为决策都是无条件的,下面我们将加入控制变量再做进一步的定量回归分析。

在回归模型中,除了加入要考查的行为决策变量以外,我们还选择了从问卷中获得的变量信息作为控制变量。这些变量信息包括收入、工作时间、房租、换工频率、教育水平、年龄、婚姻状况、性别和是否为党员。无论是雇主还是工人，我们采用了虚拟变量来反映城市外来移民的户口状态。礼物交换博弈和工资承诺博弈的先后顺序，也是用虚拟变量来反映的。

5. 雇主和工人的行为

1）雇主的行为

表 3-5 的回归结果显示，在两个博弈实验中雇主对外地工人都存在歧视：在礼物交换博弈实验（GEG）中，外地工人获得的平均报酬比本地工人低；在工资承诺博弈（WPG）中，就工资报价而言，雇主对外地工人的歧视不明显，外地工人与本地工人获得的工资报价没有显著差异，但在最后支付阶段，歧视现象非常明显，外地工人获得的报酬比本地工人显著低约 18%。换句话说，一旦决策是可见的，歧视行为就能清楚地观察到。当考虑个体效应以后，两个博弈实验的差异就增大了。

与上述统计结果不同，就雇主自身的户口状态对其报价决策没有显著影响。在其他条件给定的情况下，拥有外地户口的雇主倾向于给出较高的工资报价和支付较高的最终工资，但前者的效应不显著。实验还表明，随着时间的增加，歧视的程度有所增加。此外，表 3-5 的回归结果表明，基于偏好的歧视在决策中起着主要作用。在工资承诺博弈中，雇主给出的不受约束的工资报价，歧视不明显，但在最终报酬上的歧视是显著增加的，这意味着当歧视变得容易时，歧视行为是增强的，说明在实验过程中主要是偏好导致的对外地居民的歧视。

表 3-5　雇主决策的回归结果

	工资报价（GEG）		工资报价（WPG）		最终报酬（WPG）	
	(1)	(2)	(3)	(4)	(5)	(6)
外地工人	−9.57 ** (−4.08)	−3.65 ** (−1.58)	−6.42 * (−3.63)	−2.42 (−1.77)	−11.82 *** (−3.36)	−13.77 *** (−3.18)
外地雇主	7.38 * (−4.03)	1.25 (−1.45)	0.77 (−3.87)	−2.30 (−1.67)	4.83 (−4.11)	9.70 ** (−4.04)
工资报价 t=1		0.19 *** (0.04)		0.10 ** (0.04)		
工资报价滞后期		0.59 *** (0.05)		0.61 *** (0.06)		

	工资报价(GEG)		工资报价(WPG)		最终报酬(WPG)	
	(1)	(2)	(3)	(4)	(5)	(6)
努力水平滞后期		0.15 (0.19)		0.20 (0.22)		
努力水平					3.04＊＊＊ (0.55)	3.89＊＊＊ (0.64)
工资报价					0.56＊＊＊ (0.06)	0.51＊＊＊ (0.08)
最终报酬 t＝1						0.23＊＊＊ (0.08)
受教育水平					0.80 (2.55)	−2.16 (2.19)
性别					−19.30 (19.80)	−27.55＊ (14.23)
党员身份					2.08 (4.22)	−5.35＊＊ (2.67)
时间效应	Yes	Yes	Yes	Yes	Yes	Yes
博弈顺序效应	Yes	Yes	Yes	Yes	Yes	Yes
观察值	1 120	980	1 120	980	781	551
R2	0.10	0.57	0.07	0.51	0.43	0.52

注释:括号里是标准差。＊＊＊表示在1%统计水平上显著,＊＊表示在5%统计水平上显著,＊表示在10%统计水平上显著。

控制变量的效应也符合我们的预期。虽然工资承诺博弈是一个"廉价对话",但雇主给出的工资报价与最终报酬仍然是成正比的。工人上一期的努力付出与雇主在本期所给出的工资没有显著影响,这意味着在实验过程中的学习效应较小。但在工资承诺博弈实验中,努力水平与最终报酬是正相关的,说明存在明显的互惠行为。值得注意的是,最终报酬的估计系数低于工人额外付出一个单位努力水平所花费的成本,表明雇主补偿工人的工资接近于工人的边际努力成本。

其他控制变量还有教育水平、党员身份以及性别。教育水平的影响在统计上不显著,因为党员和男性的实验对象很少,分别只有6个人和3个人,因此身份和性别的估计参数在统计上的显著性没有太大意义,即使从变量中删去,也不影响其他估计结果,在此不作深入讨论。

2) 工人的行为

接下来,我们从回归结果中分析工人的行为决策。如表 3-6 所示,与本地雇主相比,持有外地户口的雇主会导致工人的努力水平显著降低,这个结果在两个博弈实验中都显著。平均而言,在礼物交换博弈实验中,外地雇主所获工人的努力回报较本地雇主所获回报低 15%,在工资承诺博弈实验中,这个数据则为 19%。

表 3-6　工人决策的回归结果

	努力水平(GEG)		努力水平(WPG)	
	(1)	(2)	(3)	(4)
外地雇主	−1.15 **	−0.83 **	−1.29 ***	−1.17 ***
	(0.57)	(0.33)	(0.47)	(0.42)
外地工人	−0.42	0.23	−0.65	−0.09
	(0.61)	(0.29)	(0.51)	(0.44)
工资报价 $t=1$	0.06 ***	0.05 ***	0.06 ***	0.05 ***
	(0.01)	(0.01)	(0.01)	(0.01)
努力水平 $t=1$	0.26 ***	0.35 ***	0.06 ***	0.05 ***
	0.35 ***	(0.05)	(0.01)	(0.01)
努力水平滞后期		0.34 ***		
		(0.05)		
最终报酬滞后期				0.01
				(0.00)
年龄	0.10 ***	0.07 ***	0.05 *	0.03
	(0.03)	(0.02)	(0.03)	(0.02)
党员身份	−1.98 ***	−0.53		
	(0.70)	(0.45)		
时间效应	Yes	Yes	Yes	Yes
博弈顺序效应	Yes	Yes	Yes	Yes
观察值	928	812	1 088	807
R2	0.28	0.52	0.30	0.44

注释:括号里是标准差。*** 表示在 1% 统计水平上显著,** 表示在 5% 统计水平上显著,* 表示在 10% 统计水平上显著。

从工人的角度来看,偏好是导致歧视的主要原因,而来自信任的差异所起的作用则相对较小。从统计上看,工人自身的户口状态对其努力程度的影响并不显著。这一结果表明实验中存在的歧视不是统计性歧视,而主要是偏好性歧视。

回归分析中,我们把雇主提供的工资报价作为主要的控制变量,如表 3-6 所示,这一变量在各个计量模型中都是显著的,而与此变量相对应的努力程度也接近均衡水平:雇主从工人那里获得一个单位的努力回报所付出的边际成本(提供的工资承诺)是 20 元,这接近于雇主的边际利润。因此,这是一个最优的结果。在回归中,我们也加入了年龄、党员身份等控制变量,并不影响最后的结论。

3）讨论

从实验结果看,无论是从雇主还是工人的角度,对外地居民的歧视是可以观察到的,但他们自身的户口状态不改变其行为决策。这一结果表明,歧视与劳动力市场中的角色无关,而是与人们与外地居民合作意愿较低有关,也与人们事先预设外地居民愿意或应该接受较差的待遇有关。然而,因为本地人和外地人的行为并没有显著差异,所以歧视只是导致了较低的互惠水平和总剩余水平。外地居民获得的较差待遇似乎与统计上的看法或信任差异无关,因为在工资承诺实验中我们看到与付出代价有关的工资歧视增强了。此外,研究结果表明,实验参与者似乎掌握了其他人可能会有的反应的信息,这一点从参与者的行为决策模式接近均衡状态可以得到印证。这一结论进一步验证了我们的假说,即人们的行为驱动因素主要是偏好性歧视,而不是统计性的看法或信任差异。

应该说,以家政服务人员为实验对象,因其不同户口组别之间的同质性高,所以非常适合实验研究,但从中获得的研究结论能否扩展到所有人群,还有待进一步考察。对于这些社会经济地位较低的人群,基于户口的歧视对他们可能更为重要。Hannan 等(2002)认为有工作经验的人群参与实验,会遇到环境依赖的问题。例如,在实验中有工作经验的 MBA 学生比本科生更愿意合作。偏好性歧视也可能是依赖环境的,即使是歧视基于一些很容易观察到的特征(如性别),也会随着实验设置的不同而变化(Eckel & Grossman, 2008)。

本实验的另一个局限性在于博弈实验是通过计算机完成的,尽管我们尽可能使实验说明简单易懂,但家政服务人员很少使用电脑,他们不太熟悉通过电脑来交流的形式。不过,从实验数据来看,作为实验参与者的家政服务人员,相比于学生而言,并无明显差异,异常数据不多。

另外,实验只是研究了当雇主和工人实际发生互动时可能产生的歧视,但可能歧视在这之前就已经发生了。Slonim & Guillen(2010)发现歧视是在实验参与者寻找合作伙伴的时候产生的。在家政服务人员的劳动力市场上,这种歧视也是存在的。例如,客户通过中介寻找钟点工的时候,有三分之一的客户选择要本地人。此外,我们让一部分家政服务人员扮演了雇主的角色,这是反事实的。当然,反事实的实验数据也是有价值的,可以帮助我们观察到一些现实中很难观察到的现象。

6. 结论

实验研究结果发现,对外地居民的歧视是存在的,尽管实验和调查数据中忽视了一些现实中的影响因素,如工作的质量等。结果还进一步表明,歧视不是基于外地居民的行为而产生的,因此不存在统计上的歧视;歧视的产生也不是因为人们对外地人缺乏信任,而是基于人们对本地人的偏好。实验还考察两种不同的合约下(无约束力和有约束力)参与者的行为差异,我们发现在工资承诺博弈中,由于雇主做出的是一个无约束力的工资承诺,因此对外地居民的歧视增加了。

众所周知,中国的户口制度是政府用以控制人口流动和城乡迁移的政策工具,但与此同时也造成了居民由于户口身份而产生的社会和经济上的不平等,给本地居民提供了一个可以歧视外地居民的理由。通过实验研究,可以看到户口制度本身影响了人们在劳动力市场上的偏好和行为决策。改革户籍制度,促进人口的自由流动和迁徙,是消除歧视和不平等的重要一步。

三、农民工随迁子女的身份认同

"农民工"这个词是我国改革开放和社会转型时期的产物,特指那些工作在城市里而户籍状态是农业户口的劳动群体。近年来,缩着户籍制度改革的深化,"农民工"这个带有歧视和等级意味的词逐渐被替换成"进城务工人员"或"外来工"①。"农民工随迁子女"或"进城务工人员随迁子女",简称"随迁子女",

① 本书中对"农民工""进城务工人员""外来工"不加区分,含义相同。

指的是跟随父母进入城市生活但没有城市户籍的孩子,其父母作为外来务工人员,也多为农村户籍。

随着我国工业化和城镇化进程的加快,从农村来到城镇工作的农民工群体日益庞大。根据国家统计局抽样调查结果,2015年农民工总量为2.77亿人,比2014年增加352万人,增长1.3%。尽管近年来农民工总量增速有所下降,但人数规模巨大,这部分人群的城市融入问题一直备受关注,直接影响到他们的随迁子女的教育。反之,子女的教育也是农民工群体最为关心的问题,他们中的很多人甚至是为了子女获得良好的教育而选择留在城市里工作。因此,教育在促进社会融入方面,发挥着不可替代的作用。

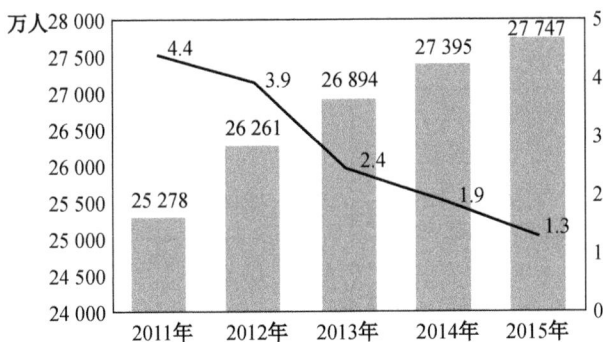

图3-3 全国农民工总量及其增长情况

数据来源:《2015年农民工监测调查报告》,国家统计局

根据邬志辉、李静美(2016)的数据统计,随着义务教育均等化政策的落实,进城农民工收入的提高,近年来农民工随迁子女的人数持续增加。如表3-7的数据统计所示,2009年到2015年累计增加了37%,而我国常住人口的城镇化率才提高了7.76%。农民工子女的随迁率逐年上升,2015年的随迁率增加到了40%左右。农民工女子占在校生的比例不到10%,这一比例在小学阶段高于初中阶段。从总体上看,大多数农民工还要面临与子女分离的状况,超过50%的农民工子女不能跟随父母一起生活;农民工随迁子女的在校比例没有明显提高,意味着这部分人群的入学和升学仍然存在诸多难以解决的实际困难。

尽管我国已经有明确的法律法规,要确保农民工随迁子女接受平等的义务教育,但现实情况却是农民工子女很难享受与城市户籍子女同样的入学机会和教育质量。城市里的重点中小学通常会设置许多隐性的入学门槛,这些门槛或者与户籍有关,或者与家庭收入有关,这些要求对农民工家庭来说通常是高不可攀的。即使进入了城市的公办小学,也要面临由于户籍身份、家庭背景不同以及教育环境变化带来的诸多问题。

表 3-7　2009—2015 年我国农民工随迁子女增长情况

指标 \ 年份	2009	2010	2011	2012	2013	2014	2015
常住人口城镇化率(%)	48.34	49.95	51.27	52.57	53.73	54.77	56.10
农民工子女数量(万人)	3 221.35	3 438.68	3 461.29	3 664.94	3 403.92	3 370.15	3 386.33
随迁子女数(万人)	997.11	1 167.17	1 260.97	1 393.87	1 277.17	1 294.73	1 367.1
小学阶段随迁子女数(万人)	750.77	864.30	932.74	1 035.54	930.85	955.59	1 013.56
初中阶段随迁子女数(万人)	246.34	302.87	328.23	358.33	346.31	339.14	353.54
农民工子女随迁率(%)	30.95	33.94	36.43	38.03	37.52	38.42	40.37
随迁子女占在校生比例(%)	6.43	7.67	8.41	9.64	9.25	9.36	9.76
小学阶段随迁子女占比(%)	7.45	8.69	9.40	10.68	9.94	10.11	10.46
初中阶段随迁子女占比(%)	4.53	5.74	6.48	7.52	7.80	7.73	8.20

数据来源:邬志辉,李静美.农民工随迁子女在城市接受义务教育的现实困境与政策选择[J].教育研究,2016(9):19-31.

　　早期对农民工及其子女的研究,大多数采用的是"生存—经济"分析叙事模式,将农民工的需求统一预设为以解决生存和生计问题为目标,研究影响其经济收益的影响因素,"将文化的、社会的、政治的需求看成是生存需求的自然延伸和补充,而不是一种不能完全化约为经济意义的生活领域"(王小章,2009)。因此,这些研究得出的结论也基本一致,几乎都是把农民工问题的根源指向了户籍制度。类似地,国内有关农民工子女教育问题的研究,多数认为户籍制度的歧视是造成弱势群体教育不平等的原因。事实上,户籍制度只是解释农民工子女教育问题的一个维度,除了宏观结构方面的因素之外,微观上的"身体"和

"心理"机制也是考察教育不平等的重要维度,因为即使没有了户籍制度的障碍,后者造成的影响也无法随之消除(高明华,2013)。从目前的研究现状来看,从个体的行为和心理角度关注农民工子女教育的研究尚在少数,而且主要集中在身份认同问题的探讨上。

值得关注的是,农民工在融入城市的过程中,制度和文化为这个群体构建了特殊的身份,他们更多认同自己是城市里的"非市民",没有制度上的"市民权",在文化和心理上与城市居民也存在隔阂(陈映芳,2005)。农民工的身份认同危机也直接影响到了其随迁子女的城市身份认同和群体归属感。这种带有"世袭"性质的身份认同将如何影响随迁子女的学业表现以及接受高一级教育的机会?是什么因素导致了农民工随迁子女身份认同的问题?如何在教育过程进行适当的心理和行为干预,从而缩小教育不平等的差距?下面我们将围绕这些问题,对相关研究进行综述。

(一) 相关研究进展

1. 随迁子女的身份认同与社会融入的困境

农民工随迁子女的身份认同问题,大多是由农民工本身的身份认同问题延伸而来。农民变市民实质上是一个社会身份的转化和心理认同过程。"农民工"这个概念是由户籍制度及其附着的就业、教育、住房、医疗等一系列制度所赋予的强制性身份,这一社会身份是会被下一代所继承且具有先赋性的身份。因此,在制度政策、社交网络和人力资本等因素无法同时与地域转移和职业转移相配合时,农民工的社会身份认同将在较长的历史时期里处于角色转换与身份转变的错位状态(文军,2005),而这一身份认同将直接传递给其子女,形成与城市儿童有着社会和心理隔阂的特殊身份群体。

基于大范围的普查和个案的调查研究表明,农民工随迁子女(或流动儿童)在城市普遍面临入学难、教育质量差、边缘化趋势等问题(马良,2007)。随着义务教育均等化各项政策和措施的推进和落实,其中一部分问题可以得到解决,而一些涉及身份认同的问题则很难解决。这一点在一些以流动儿童为主体的、关注其行为和心理的调查研究中得到了证明。石长慧(2015)对北京市一所农民工子弟学校进行了田野调查,发现学生们在面对低质的教学环境和教学质量时，倾向于作出"自我放弃"的"反学校文化"选择，从而失去努力学习的动力，最终丧失向社会上层流动的能力，只能形成社会底层的教育再生产。

根据谢建社人（2011）的研究，与城市户籍学生相比，进城民工子女总体表现出以下特征：易抑郁，孤独，情绪易变化，经常为某些事焦虑，轻视自己；偏激，易猜疑，不合群；不开朗，谨慎小心，安静，内向，不容易表露内心想法，在人群中有羞怯感，不敢大胆与人交往，但他们对事物看法比较合于实际，较少空想，所做事情多半是自己能做到的。这些心理特征的特点，与农民工子女的身份认同密切相关。农民工随迁子女的身份认同则是与农村户籍和"外地人"相关联的身份属性在与城市群体交往过程中形成的自我价值判断和群体情感。他们的调查显示，65.6%的农民工子女有遭受歧视的经历，城市居民大多不愿意自己的子女与农民工子女一起读书，农民工子女也难以与城镇居民子女交往。这表明，农民工子女群体与城市居民子女群体存在着事实上的隔离。这种隔离意味着"农民工"这一特殊身份由下一代所继承，先赋性对子女的社会群体归属和身份认同产生了巨大影响。

2. 随迁子女身份认同的影响因素

目前，学术界主要从个体因素、制度因素及网络因素三个方面研究农民工的城市认同的影响因素（蔡禾、曹志刚，2009）。个体因素主要包括教育程度、从事职业和经济收入等方面，影响了农民工的跨阶层流动和社会融合；制度因素主要是指户籍制度以及与之相关的教育制度、养老和医疗保障及其他涉及城市资源分配的制度，这些制度对本地户籍和外来人口进行区别对待甚至是歧视，阻碍了农民工对城市生活和文化的认同；网络因素是指社会网络对农民工融入城市生活和文化的影响，社会网络实质上是一种群体交往过程中形成的归属感，农民工群体的社会网络被个体因素和制度因素限定在一个被城市主流边缘化的空间内，在居住、工作、社交等空间隔离于城市居民群体。以上三种因素相互作用、相互影响，共同制约了农民工的城市身份认同。

尽管农民工子女的身份认同不能等同于农民工自身的身份认同，但也可以从以上三个方面来理解农民工子女身份认同的影响因素。对处于义务教育阶段的农民工子女而言，个体因素主要是指其教育起点和基础、所在家庭的经济收入、父母职业及受教育程度等，制度因素主要是指非均衡的教育制度，而网络因素是指农民工子女在学校内外形成的社会交往网络,包括同学之间和师生之间的交往。在教育情境下,网络因素对农民工子女身份认同的影响是至关重要的而且是动态变化的,因为个体因素和制度因素通常被认为是外生给定的,而且主要通过影响其父母来影响子女受教育机会的均等化,然而教育过程和教育结果的均等化主要与他们在学校的群体交往行为有关。

农民工子女形成何种身份认同,除了个体因素和制度因素以外,群体的规模、同质化程度以及网络的稳定性都会对他们是否能形成与城市相融合的身份认同有着重要影响。在教育环境中,身份认同更可能表现为一种群体归属感和认同感,社会空间的认同则被淡化。身份认同问题的表象可能是文化冲突下的自我排斥和外部排斥。程仙平(2011)从文化角度分析了农民工子女在接受教育过程中的学校融入问题,他将这个问题归因于城乡学校的文化差异,在学校环境、生活习惯、语言等方面的文化冲突使得农民工子女遭遇了主动排斥和被动排斥的双重困境。他认为,排斥背后的根源其实是身份,这也是城乡文化差异的实质性原因。

事实上,教育与身份认同和社会融入之间是一种互为因果、相互促进的关系。以公平和均衡为发展目标的教育是一种重要的积累人力资本、培养公民意识、增加群体归属感和认同感以及文化心理融合的途径,可以有效地促进农民工子女在城市里的社会融入(徐丽敏,2015)。对学龄阶段的孩子而言,他们正处于人生观和价值观形成的重要时期,也是"早期社会化的关键时期",这个时期的教育将决定他们未来对社会的认知和个人发展。因此,与工作路径、社区介入等其他路径相比,教育这个路径对农民工随迁子女融入城市生活,形成健康的身份认同意识至关重要。

3. 随迁子女身份认同的行为实验及其启示

心理学家把身份认同界定为社会力量通过认知、情感和行为作用于群体成员。从行为经济学的角度看,身份认同就是影响个体效用的群体属性,而群体属性是通过心理、情绪等途径影响个体行为决策的。不同学科对身份认同的界定虽然略有出入,但都指向的是个体心理与群体互动。因此,身份认同本质上是一种心理机制。研究身份认同与教育不平等之间的关系,是将"宏观力量与微观机制勾连起来的另一路径"(高明华,2013)。

关于身份认同的定量研究主要包括田野调查和行为实验方法，田野调查包括问卷、访谈等形式，行为实验有心理学和脑神经科学实验、经济学实验等。文献中关于农民工子女身份认同的研究，大多从学生、教师以及家长的角度调查农民工子女的受教育过程和结果，从而分析影响农民工子女学业成绩的因素。然而，问卷调查和访谈只能让被访问者回答预先设定好的问题，而无法获得他们在群体交往中的行为决策数据。身份认同涉及行为和心理，因此想要获得在群体交往互动中的相关数据，必须要借助行为实验的手段，揭示人在群体交往中的情绪和感觉。

目前，采用行为实验的方法研究身份认同和教育问题的文献还不多见。高明华（2013）采用了问卷调查、访谈和现场实验等多种方法，研究了"身体"和"心理"与教育不平等的关系。作者发现，社会心理机制（父母期望的自证预言效应和学校对学生的刻板印象）和身体机制（不良健康状况和被贬低的行为习惯）会导致农民工子女在学业上的不思进取和自我放弃，造成教育的不平等。针对教育不平等的身心机制，作者提出了传授智识增长论和建构多元评价体系的干预策略，通过现场试验对干预策略的效果进行了检验。虽然高明华的研究数据有一定的局限性，跟踪时间短，实验次数偏少，但作者从心理机制来探索我国教育不平等的微观基础，并且提出了有实际操作意义的干预策略，无疑是很有学术价值的。

相比之下，国外在教育不平等和学业差距的心理机制方面的定量研究开始得比较早，而且已经形成了一套研究范式。Geoffrey 等（2006）以及 Joseph 等（2011）发表在《科学》（Science）杂志上的文章，主要研究影响学生学业成绩的心理干预策略，而行为经济学领域的学者则倾向于采用博弈实验来揭示心理因素对行为决策的影响。Farzana 等（2015）用行为实验考察了在不同激励机制下身份认同对学生表现的影响。实验结果表明，在物质激励下的认知任务（即只有激励，学生之间不存在竞争）中，随迁子女的表现落后于本地户口学生的表现，所获得的奖励更少；然而在比赛形式下的任务（参与的学生之间互相竞争）中，这种差异并不显著。他们认为，户口制度对随迁子女表现的负面影响是有可能通过引入适当的竞争来减轻的。法尔扎纳（Farzana）等的研究揭示了因户口制度所构建的身份认同会扭曲学生的表现，甚至可能扩大原本存在的差距，造成进一步的不平等。

综上所述,要研究教育不平等的问题,尤其是研究群体间的教育不平等,不但要了解制度和宏观结构上的因素对教育资源配置的影响,还要深入到教育过程中的心理和行为层面,以学生为主体,研究个体经验以及与群体的互动关系,才能全面、系统地把握理解教育均衡发展的一般性规律,从而得出有建设性的政策建议。

(二) 关于农民工随迁子女义务教育阶段学习状况的调查

为了了解农民工随迁子女在义务教育阶段的学习情况,我们在南京的一所小学和初中分别做了实地调研和电话调研。

1. 调查背景

2014 年我们分别在南京市江宁区百家湖小学分校(宏运小学)和清水亭学校(初中)进行了实地调研,对南京天景山小学校办公室的老师进行了电话采访。实地调研采取问卷与访谈相结合的方式(问卷为主,访谈为辅),以两校的小学生和初中生为主要对象,按照随机抽样原则,共发放问卷 400 份,收回 392份,回收率为 98%,其中有效问卷为 341 份,有效率为 87%。341 份问卷中,186为男生,155 为女生;调查对象为一年级的占 25.1%,三年级占 26.3%,五年级占 28.1%,初一学生占 20.5%。此外,我们还对清水亭学校的德育处的老师、三名班主任、多名同学及校工进行了访谈。

2. 调查问卷设计

本次调查问卷分为主观题和客观题两部分,问题涉及的内容主要包括:学生基本信息(性别,年级)、学生户籍、搬家历史、转学情况、家庭成员调查以及自我评估在校表现和学业情况、心理调查等内容。其中,自我评估又分为:家人参与情况、学校表现、与同学相处状况和老师参与情况,调查问卷详见附录 1。

3. 问卷调查过程

1) 调查对象基本信息

在接受问卷调查的 341 位学生中,外地户籍和本地户籍的学生比例大约为1∶1,这与我们调查的地点与学校有关。我们走访的清水亭学校和百家湖小学分校(宏运小学)是教育部确定的农民工子女就读比例较高的学校,学校生源多来自附近及周边居民的子女。另外,外地户籍的学生至少有过一次搬家经历,相较于本地户籍的同学而言,其居住环境较为不稳定;有搬家经历的不一定有转学经历,这种现象在初中生样本中更为普遍。

2) 家人参与情况

对于父母参与学生学习生活的调查,我们主要选取了两个方面:与父母见面频率,父母辅导功课情况。第一个方面,对于是否每天都能见到父母这个问题,只有 32 名(占比 9.7%)的同学很少或偶尔见到父母,71% 的同学几乎每天或每天都能见到父母,有近 2 成的同学经常能见到他们的父母(图 3-4)。

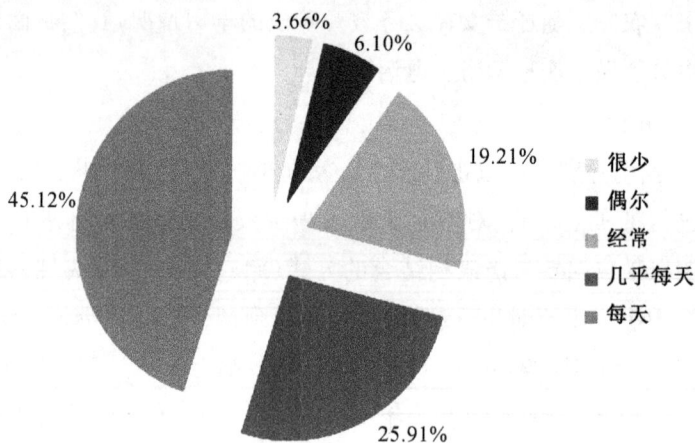

图 3-4　学生与父母接触程度

进一步了解父母是否有参与辅导孩子的功课与学习情况,我们发现:本地户籍的 127 个受调查学生中,有家长辅导的占 66.93%,超过一半;而在非本地户籍的学生中,214 人中有 107 位是有家长辅导功课和作业的,占比为 50%;按照调查对象(学生)所在年级比较,我们发现一年级学生中有家长帮助辅导功课的占 58%,三年级为 67.8%,五年级为 61.1%,初一学生中占比只有 33%。

3) 学生在校表现

在问卷设计中,我们以遵守纪律、学习成绩、学习生活满意度、担任班级职务、参与班级活动、上课主动发言状况这六项来衡量学生的在校表现。

与以往研究不同的是,我们并未直接使用客观分数与排名作为学习成绩指标,而是请学生对自我学术表现进行评级打分。这一做法在收集学生成绩的同时,亦能对学生学业心理预期有大致了解。在调查中,我们将自我学术表现分为:很差、中下、中等、中上以及很好共五个等级。在认为自己学习成绩"很好"的学生中,外地户籍的学生略高于本地户籍学生,在认为自己学习成绩"中上"的学生中,本地学生居多,而认为自己成绩"中等"或"中下"的本地学生和外地学生比例相当。值得一提的是,对自我成绩评定"很差"的外地户籍与本地户籍学生比例为五组之最,达到了 15∶9。

学生上课发言频率可一定程度上反映学生在校学习积极情况。在受访的本地学生中,仅有 4.7% 的学生选择了"不发言"与"很少发言",而在外地户籍学生中,这一比例为 11.8%。"经常发言"与"发言活跃"的本地学生人数也略微高于外地户籍学生。

担任班干部有助于学生更好地融入集体,参加班级活动能培养其责任意识与集体荣誉感。是否担任班干部可作为衡量标准之一,反映学生在校自我管理活动的积极程度,受访群体中,外地学生共有 32 人担任班干部,群体内部任职比例为 32∶118,明显低于本地学生的 51∶127。

4) 与同学相处情况

本次问卷中就同学相处的友善情况作主观评价,分为"很不友善""比较不友善""一般""比较友善"与"很友善"五个等级。问卷数据表明,大约 20% 外地户籍同学认为同学对自己的态度不友善(很不友善与比较不友善),这一数字大于本地同学的 15%。与之相对应的是,70.8% 的本地同学在与同学相处过程中获得了正面的感受(比较友善与很友善),而外地户籍学生的这一比例为 55%。选择"一般"的本地与外地户籍学生都最多,分别占到了 42% 和 31%。

5) 老师关注程度

教师在学生成长过程中扮演着重要角色。过往研究表明,老师的关注与教学方式能显著影响学生心理及行为特征,故我们将老师对学生的关注程度纳入考量。在本次调查样本中,共有 69 名同学认为老师"很关注自己",然而其中本地学生占 67%,远远高于外地学生人数。而有 39 名外地学生和 16 名本地学生选择了较为中性的老师"经常关注我"。与其他问题类似,最多学生选择"一般"。此外,共 31 名同学认为缺乏老师的关注(从不关注和很少关注),其中本地户籍 15 人,外地户籍 16 人。

6）访谈记录

除了问卷调查之外，我们就下面几个方面的问题，与学校的老师进行了面对面的访谈，现将要点总结如下：

入学条件：学校对入学的要求严苛，必须带齐五证（户口本、独生子女证、出生证、劳务合同和社保证明、暂住证）方可在校上学，许多随迁子女无法凑足五证，或是造假证上学，导致将来升学困难。

入学班级分配：按男女比例、身高比例等其他标准而非户籍标准，但是否存在内部条例却无从知晓。

学生在校成绩和表现：家长的文化程度，家庭背景（家庭变故，如离异；留守问题，是父母带还是爷爷奶奶带）等因素对孩子的在校成绩和表现的影响会比较大。

家长是否关心孩子学业：对孩子学业的关心程度与家长的户籍身份无关，主要与家长个人认知、受教育程度以及家长的工作类型相关。

外界关注度：媒体和公众对贫困生和农民工随迁子女的补助和捐款每年都有很多，说明其教育问题受到了重视。

小升初问题：大多学生能够直升初中，少部分因证件造假无法正常入学。

4. 调查结果分析

从家长对孩子功课辅导这个切入点来看，家长对孩子的关心程度，相较于本地学生，外地学生的家长辅导孩子功课比例稍低一些。这其中的原因可能与其父母的工作性质、文化水平等有较大关系。

从学生对自己的课业成绩评价方面来看，一方面，农民工子女对自己的要求更加严格，对成绩更加在意；另一方面，本地学生客观上存在基础优势，加之以课后的辅导，成绩平均水平稍高于农民工子女。

从学习活动积极性情况来看，我们发现外地学生相较于本地学生，踊跃程度稍低，而在参与班级管理和担任班干部的积极性上，外地学生也要稍少于本地学生。

在与同学、老师相处情况的调查中，我们发现老师对随迁子女学生的关心程度较之于本地学生并没有明显的差异；而在与同学的相处上，外地学生要比本地学生的融入情况稍差，有极少数自我隔离现象。

（三）结语

考虑到教育情境下的身份认同，更多体现在学生的群体互动中，而且如果在问卷中涉及"户口"和"外地人"等词汇很容易让受访者产生诱导性心理偏差。因此，我们并没有在问卷调查中直接设计与户籍身份相关的问题。与此同时，我们对类似的问卷调查采取谨慎的态度，没有在更大范围内发放问卷，而是通过走访教育部门、学校和社区[①]，搜集了很多间接数据，用于分析农民工随迁子女这个特殊群体在融入城市学校生活中可能受到的外部影响。就教育结果而言，问卷调研和访谈的数据都清晰表明，农民工随迁子女的学业成绩处于两极分化的状态，其中的原因可能是多方面的（家庭收入、父母受教育水平、父母的工作性质等），其中有多少是由于身份认同因素造成的影响，以及如何理解身份认同在教育结果均衡方面的作用，还需要进一步研究。在本次调查中，教育过程中的重要他人（如老师）对学生的身份认同并无显著影响，可能是因为义务教育均等化政策在南京已经实行多年，老师们中间普遍存在一种"向下补偿"的心理，对随迁子女的关注程度较高，这一点从与老师的访谈和对学生们的问卷调查中得到了证实。

79

四、平权行动：教育均等化过程的干预政策

（一）平权行动的背景

在许多国家，平权行动（Affirmative Action）是一项针对社会弱势群体在学校、劳动力市场和公共领域的不利处境而采取的积极补偿性政策，又称"肯定性行动"，通过对少数群体或弱势群体给予优待，以消除由于"肤色、宗教、性别或民族出身"而产生的歧视，从而达到平等。平权一词最早出现在1963年美国总统肯尼迪签署的"10925行政令"，旨在反对歧视，确保少数族裔和弱势群体获得与社会其他群体一样平等的就业机会和待遇的权利。平权行动的背景为20世

---

① 走访的城市包括南京、苏州、南通、郑州、柳州等。

纪 60 年代美国黑人运动和妇女运动的兴起,美国国会于 1964 年通过了《公民权利法》,规定少数族裔和弱势群体在就业、教育方面可以得到优待。1965 年约翰逊总统正式推行平权行动,并将性别歧视也纳入"平权法案"范畴。

基于反对歧视和消除不平等这一理念,平权行动作为一项促进社会平等的公共干预政策,在世界各国的呈现形式不一,有些国家采取配额制度,专门针对特定的群体保留一定比例的工作和受教育机会,例如,在印度,政府会为那些处境不利的人在政治、就业和教育方面的机会保留一定比例的名额;有些国家则采取对弱势群体优先或优惠措施,例如,中国在高考录取上对少数民族的学生给予加分的政策。然而,在英国、美国和其他一些西方国家,平权行动并不总是受欢迎的。在英国,给特定群体以优待的平权行动甚至是不合法的,人们认为它违背了法律面前人人平等的信条,主张用"积极差别化"的方法来补偿弱势群体。

平权行动在美国也一直备受争议,持支持态度的人认为:弱势群体的不利处境一般是历史上由于受到了迫害和歧视造成的,平权行动可以弥补历史原因导致的社会不平等,应该对这些人所遭受的不公加以补偿;平权行动有助于消除种族之间的歧视,促进不同族群和不同文化的社会融合,增加社会多元性,打破阶级固化,增加弱势群体向社会上层流动的机会,促进社会的和谐与稳定发展。持反对意见的一方则认为:平权行动本身违背了自由平等的原则,应该对不同群体采取一样的政策。对弱势群体的优待其实是一种反向歧视,提醒他们自己是弱势的、需要帮助的不利群体,可能会打击他们靠自己努力奋斗的信心,同时也减少了不受优待群体努力工作的动力。此外,平权行动的反对者还认为,优待政策会让弱势群体进入与之能力不匹配的学校或组织,还会使弱势群体被贴上处处低人一等的标签,导致他们产生自我贬低的倾向。总之,双方争议的焦点是公平和自由的权衡,如何在保证大多数人的自由权利的前提下兼顾公平,是每一个社会都要面临的难题。

迄今为止,有关平权行动的争论一直在持续。从表面上看,给那些因为历史、文化或经济原因处境不利的弱势群体补偿,符合罗尔斯的《正义论》中所说的第二正义原则(又称差别原则),即只要符合最少受惠者的最大利益就是正义的。差别原则实际上指向的是事实上的平等,可是在实践过程中这种"补偿性正义"又会遇到诸多挑战。例如,平权行动在补偿性的教育政策的实施过程中,如何识别谁是最少受惠者? 谁来决定那些应该获得补偿的人群? 如何定义最后结果的平等? 这些问题涉及微妙而复杂的经济利益、社会伦理、道德标准问题,而这些问题不是靠简单的行政命令就能解决的。

　　具体到教育领域,平权行动引起的质疑和争论是显而易见的,以至于成为美国政治议题的焦点之一。目前,美国有八个州[①]明令禁止公立大学在招生中把种族作为优待条件。尽管这一做法在美国还没有被普遍认可,但许多研究表明,一些竞争激烈的名牌大学按平权行动招进来的学生平均学业成绩不佳。Sander(2004)研究了 163 所实施了平权行动的法学院的学生成绩。结果表明,毕业 GPA 成绩排名在后 10% 区间的黑人学生占 52%,而成绩在这个区间的白人只有 6%。没有获得平权优待的学生中约有 8.2% 不能完成 5 年的法律专业学习,相比之下,获得优待的学生中这一辍学比例达到 19.2%。其他一些研究对比了取消平权行动前后大学的毕业率,发现取消平权行动后那些做出积极响应的学校增加了对学生的投资,毕业率也相应提高了 23% ~ 64%(Arcidiacono et al,2011)。还有许多证据表明,由于平权行动把种族作为招生优待的参考,从而使学生能力与入学资格不匹配,造成毕业率低的普遍现象。

　　在教育过程中,除了学生本身能力之外,还有哪些因素会影响平权行动的效果呢? 下面,我们将通过竞赛实验来考察平权行动对教育投入和人们对弱势群体刻板印象的影响。

(二) 平权行动的教育影响:实验经济学的证据

1. 平权行动实验的背景

　　平权行动是会引起更多教育投入、打破对弱势群体的刻板印象,还是会加大能力差距、增强刻板印象(Coate & Loury,1993)? 目前的研究对这些问题还没有定论。例如,人们普遍认为亚洲人在数学任务中的表现较白种人更为突出

---

　　① 　美国这八个州包括加利福尼亚、华盛顿、密歇根、内华达、亚利桑那、佛罗里达和新罕布什尔州。

(Flynn，1991；Dandy & Nettelbeck，2002)。Dandy & Nettelbeck(2002)指出，有中国背景的澳大利亚学生在数学任务上的表现比安格鲁—凯尔特(Anglo-Celtic)①文化背景下的澳大利亚学生更好。对特定群体的刻板印象可能会对教育的结果产生重要影响。Shih 等(1999)的研究表明，刻板印象对成绩表现很重要。当亚裔美国学生的亚洲背景很明显时，他们在数学任务中表现得更好。此外，平权行动对群体间能力差距的影响也一直备受关注。目前的实验研究主要考察平权行动在不对称竞争中的激励效应(Schotter & Weigelt，1992)。基于真实的工作任务，Niederle (2013)、Balafoutas & Sutter(2012)的实验研究发现，平权行动使女性参与竞争的机会翻倍。Calsamiglia (2013)发现，当受惠于平权行动，缺乏真实工作任务经验的参与者将有更多表现机会，从而缩小了与能力强的参与者的差距。

下面，我们将通过行为实验考察当实际的刻板印象和能力差异存在时，正向歧视(即对弱势群体的优待)是否影响参与者的努力水平。我们选择在中国和澳大利亚两个国家同时进行基于努力程度的竞赛实验，实验内容包括数学任务和逻辑任务。研究结果证实，澳大利亚参与者在数学任务中的表现较中国的参与者差。内隐联想测验(Greenwald et al，1998)的实验过程表明，对澳大利亚参与者在数学技能上的负面刻板印象是确实存在的。研究发现，平权行动在有刻板印象的情形(数学任务)中不影响参与者的努力程度，而在无刻板印象的情形(逻辑任务)中，平权行动降低了平权行动受惠者的努力程度。

2. 实验过程

实验选取了澳大利亚昆士兰科技大学(QUT)的 137 名学生和中国东南大学(SEU)的 150 名学生作为样本。在昆士兰科技大学进行的实验只选择没有亚洲背景的澳大利亚学生参与，在东南大学进行的实验只选择中国学生参与。表 3-8 中列示了参与者的基本信息。需要注意的是，中国参与者样本在性别方面不平衡(77%参与者是女性)，这是东南大学经济学专业学生的典型特征。

---

① 指的是祖先完全或部分来自英国的澳大利亚人。

表 3-8　实验参与者的总体特征

样本特征	澳大利亚(QUT)		中国(SEU)	
	人数	比例	人数	比例
性别				
女性	63	46	116	77
男性	74	54	34	23
年龄				
≤20	80	58	53	35
[22,23]	29	21	81	54
≥24	28	21	16	11
专业				
经济类	62	45	131	87
其他	75	55	19	13

3. 实验任务

实验任务由数学任务和逻辑任务组成,数学任务刻画了对澳大利亚学生的刻板印象,逻辑任务作为一个控制任务不存在先验的刻板印象。在数学任务中,参与者需要在给定的 6 分钟中解决 10 道多项选择题,并且被要求加总分数。逻辑任务的目标是找到由颜色序列组成的密码,最多进行 10 次猜测。每次猜测后,参与者将会收到反馈信息,包括正确颜色的数量以及这些颜色排序是否正确。参与者需要在 10 分钟内猜测尽可能多的密码。在每个实验环节,任务的顺序是随机的。

每个任务都有两轮游戏。第一轮是比赛,每次比赛将根据参与者的表现排名。每组中的前两名参与者将在第二轮被分配到高难度版本的相同任务中,而剩下的四名参与者被分配到低难度版本的同一任务中。高难度版本的任务有更高的回报率。我们把复杂的、高回报率的任务定义为高级任务,把容易的、低回报率的任务定义为低级任务。

执行每个任务的第一轮前,参与者被告知可以选择购买问题提示(0、1 或2),提示旨在帮助参与者解决问题,增加参与者在第二轮被分配到高级任务中的机会。在实验设置中,我们对努力程度有两种测量方式:一是是否购买

83

提示的决定,二是在比赛中的表现。每个问题提示的价格为 2 澳元/人民币(澳大利亚学生获得澳币,中国学生获得人民币,下同),最终的收益将扣除这一购买成本。购买问题提示的参与者有 6 分钟阅读提示的时间,而未购买提示的参与者在这段时间里只能听音乐。在每个任务第一轮开始之前,参与者预计自己的排名。在第二轮中,参与者执行高级任务或低级任务。对于高级任务,当参与者在数学任务中回答正确一次或者在逻辑任务中解出一个正确密码,参与者将得到 3 澳元/人民币的回报。对于低级任务,每次回报为 0.5 澳元/人民币。

在实验结束时,参与者进行类似 Holt & Laury(2002)所做的风险规避任务,并完成一个简短的问卷调查。此外,参与者还需进行内隐联想测验(Greenwald et al,1998),此测验用于衡量他们在多大程度上意识到有关澳大利亚人在数学技能方面的负面刻板印象。

处理组

我们考虑以下三个处理组,这三个组的人员组成或比赛规则有所不同。

I. 基准处理组

澳大利亚(中国)的参与者仅与其他澳大利亚(中国)的参与者就分配到第二轮的高级任务中展开竞争。每组第一轮表现最佳的两个参与者在第二轮被分配到高级任务中,剩余的四名参与者被分配到低级任务中。

II. 刻板印象处理组

参与者在混合组中竞争(每个混合组由三名澳大利亚人和三名中国人组成)。比赛规则与基准处理组相同。

III. 平权处理组

参与者在混合组中竞争,并且要求有一位澳大利亚参与者必须在第二轮被分配到高级任务中。因此,被分配到高级任务中的两名参与者分别是表现最好的澳大利亚人和其余五个参与者中表现最好的那位。

借鉴 Calsamiglia 等(2013)的研究,我们通过对处理组的两两比较,分析参与者对刻板印象和平权行动的反应。通过比较基准处理组和刻板印象处理组,可以识别刻板印象的影响,因为在这两个处理组中只有小组组成是不同的。同样地,通过比较刻板印象处理组和平权处理组,可以识别平权行动的影响,因为在这两个处理组中只有高级任务的分配规则是变化的。

假说

本书的假说基于 Coate & Loury(1993)提出的歧视统计模型预测以及 Schotter & Weigelt(1992)提出的等级赛机制下努力成本不对称的预测和证据。在上述两个理论背景下,刻板印象和努力成本的信息不对称造成的后果是降低了弱势群体成员的努力。我们提出了下述关于刻板印象的假说:

假说一:在刻板印象处理组中,澳大利亚的参与者减少了他们的努力,即降低了他们在数学任务中的比赛表现和对问题提示的投资。相反,他们在逻辑任务中保持了相同的努力水平。

关于平权行动的激励效应,目前的研究结论不一。在 Coate & Loury(1993)的研究中,存在两种均衡。在良性均衡中,平权行动增加了弱势群体的努力水平;在另一个均衡中,平权行动减少了弱势群体的努力水平。Schotter & Weigelt(1992)的研究表明,在一个等级赛中,平权行动的影响取决于信息不对称的程度。当没有信息不对称性时,平权对努力的影响是负的。然而,当平权行动弥补了较大劣势时,平权行动会增加努力水平。为此,我们提出了关于平权行动的假说:

假说二:在平权行动处理组中,澳大利亚参与者降低了他们在两项任务中的努力水平,增加了他们在无平权行动情况下处于劣势的任务(即数学任务)中的努力水平。

实验步骤

我们在两所大学同时进行对刻板印象和平权行动处理组的实验,并将参与者分组,每个组包括三名中国学生和三名澳大利亚学生。这些信息在实验说明中对参与者有明确指出。我们还通过 Skype 对两个实验室的情况进行了视频传输,参与者可以看到另一个学校的实验室[①]。每个环节只针对一个处理组。澳大利亚参与者通过 ORSEE(The Online Recruitment Software for Economic Experiments)[②](Greiner,2015)被邀请参与实验。中国参与者通过班级和学校

----

①　需要特别说明的是,虽然参与者可以看到实验室,但是他们不能清楚看到其他参与者的脸,也不能分辨出他们的性别。

②　这是一个帮助研究者安排实验时间和招募实验参与者的在线软件。

网站的公告了解实验招募信息并参与实验,特别强调参与的自愿性。每个参与者只参加一个实验环节。

每个参与者收到的参与费为每小时 10 澳元/人民币。本书采用的汇率为 1 澳元=1 元人民币。参照学生日常消费项目(如校园内的伙食)价格和就业工资,我们认为这个价格是合理的。每次实验持续时间大约为 90 分钟。实验采用 Z-tree(Fischbacher,2007)开展,且我们对实验说明采用的措辞是中立的(没有提及平权行动和刻板印象)。给中国参与者使用的实验说明书是翻译后的中文版本。

4. 实验结果

1) 是否存在刻板印象的证据?

我们用一个以职业为基础的内隐关联测试(Greenwald et al,1998)来检验参与者对刻板印象的感知程度,这个测试放在实验之后进行。该任务要求参与者将有关中国人和澳大利亚人的图片进行分类,同时对描述不同职业的文字进行分类,这些职业要求的数学水平或高或低。每一轮要求参与者看到计算机屏幕显示特定的种族或者对数学有要求的职业类别时,必须按下键盘右侧的按钮;若看到屏幕显示的是另外的种族或职业类别,则按下键盘左侧的按钮。测试主要看参与者就出现的文字/职业和图片/种族快速做出响应的时间。如果对一个特定的种族—职业配对的响应快于另一种配对,则表明刻板印象是存在的。两个阶段的平均响应时间差提供了衡量隐含态度的尺度。图片和文字的顺序是随机的,两个测试阶段的顺序也是随机的,这样可以避免测试结果受学习效应影响。测试结果表明,参与者意识到了澳大利亚人在数学能力方面不及中国人的负面刻板印象。

2) 描述性统计分析

在表 3-9 中,通过处理和二次抽样澳大利亚和中国参与者样本,我们公布了比赛表现与报酬的均值和标准差。澳大利亚人和中国人在数学任务中的表现有系统性的差异(对所有处理组在 1% 水平上都是显著的)。澳大利亚参与者正确回答数平均在 5.57 到 6.20 个(取决于处理组),而中国的参与者正确回答数平均在 9.72 到 9.85 个。澳大利亚人表现的标准差非常大,这表明成绩的差异性大。

表3-9　不同处理组参与者的成绩统计

样本处理组	澳大利亚学生（QUT）						中国学生（SEU）					
	基准		刻板印象		平权行动		基准		刻板印象		平权行动	
	均值	标准差	均值	标准差	均值	标准差	均值	标准差	均值	标准差	均值	标准差
数学任务比赛	5.57	2.92	6.11	3.07	6.20	2.83	9.72	0.67	9.74	0.50	9.85	0.50
数学任务回报	6.02	7.34	5.76	5.84	8.15	7.95	10.54	10.22	17.23	11.69	11.48	10.40
高数学任务回报	10.23	9.01	15.30	5.74	16.06	7.64	23.55	7.56	26.04	5.79	25.5	4.90
低数学任务比赛	2.32	1.38	3.11	1.46	3.17	1.34	4.04	0.29	4.26	0.44	4.47	0.25
逻辑任务比赛	1.74	1.80	1.83	1.80	1.11	1.71	1.28	1.50	0.76	0.98	1.04	1.37
逻辑任务回报	1.96	2.44	2.92	4.86	1.86	2.21	1.22	1.69	1.26	1.50	0.80	1.66
逻辑学任务回报	3.18	3.43	5.53	7.02	3.00	3.18	1.80	2.65	1.00	2.12	1.75	2.99
逻辑学任务比赛	1.27	1.26	1.38	1.39	1.15	0.69	0.93	0.81	1.33	1.31	0.49	0.69

在逻辑任务中,澳大利亚参与者平均解出 1.11 到 1.83 个密码,而中国参与者平均解出 0.76 到 1.28 个。两个子样本间的表现差异只有在刻板印象处理组中才是统计显著的(P 值<0.01)。只要参与者没有意识到两组人之间存在任何的刻板印象或差异,这就不影响使用逻辑任务作为控制手段。

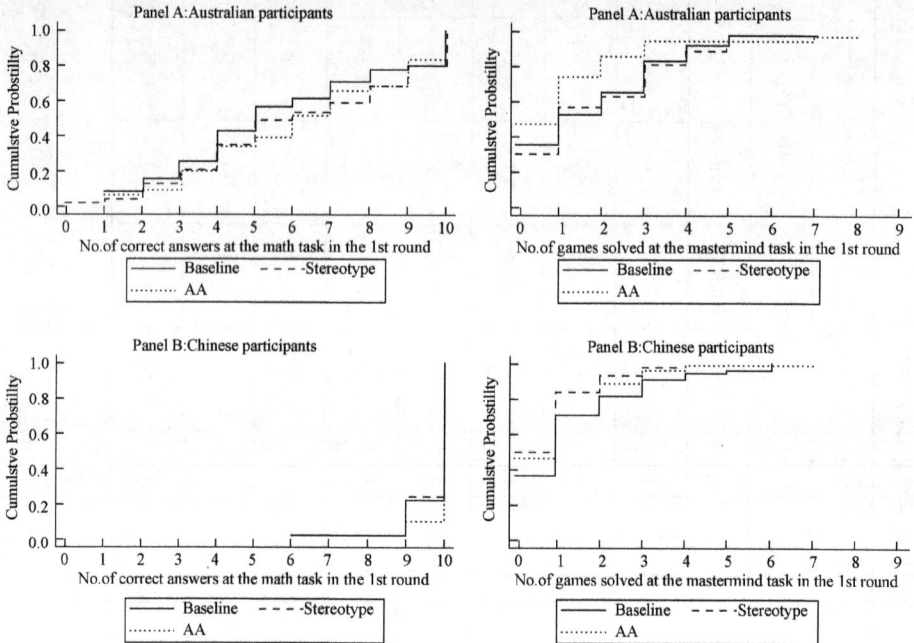

图 3-5　比赛成绩的累积分布函数

图 3-5 显示了每项任务中澳大利亚参与者(Panel A)和中国的参与者(Panel B)在三个处理组中比赛表现的累积分布函数,图形的左边是数学任务,右边是逻辑任务。数据表明,澳大利亚参与者和中国参与者在数学任务中的表现有非常大的差异,符合我们之前的观察(表 3-9)。在每个子样本中,用 Kolmogorov-Smirnov (K-S)检验对分布进行比较,用 robust rank-order (RRO)检验对均值进行比较,这两项检验的结果表明,三个处理组之间不存在显著差异。Panel B 表明在所有处理组中中国参与者的数学表现都是最好的。这说明任务的难度水平对澳大利亚参与者来说是合适的,但对中国参与者来说较低。因此,我们的分析无法提供关于中国参与者在数学任务中的刻板印象或平权行动的有效信息。

在图 3-5 右边的逻辑任务中，Panel A 表明平权行动对澳大利业参与者在逻辑任务中的表现有负面影响（K-S 检验和 RRO 检验在 5％显著性水平下是显著的）。相反，在逻辑任务的基准组和刻板印象处理组之间，澳大利亚参与者没有显著差异（这也是符合预期的，因为刻板印象只存在于数学任务）。Panel B 显示了中国参与者在三个处理组中的成绩分布。基准组和刻板印象处理组之间的表现差异在 RRO 检验下在 10％的水平下显著（但 K-S 检验不显著），刻板印象和平权处理组之间的表现差异在统计上不显著。

在选择答案提示方面，我们发现澳大利亚人较少购买提示。此外，相较于数学任务，两个子样本中的参与者都倾向于在逻辑任务购买更多提示。在数学任务中，有 79.5％～89.1％（取决于处理组）的澳大利亚参与者不购买任何提示，有 40％～52.4％的中国参与者不购买任何提示。同样地，在逻辑任务中有 63.6％～71.7％的澳大利亚参与者不购买任何提示，有 35％～39.6％的中国参与者不购买提示。在各个处理组之间以及子样本内部，投资答案提示的差异在统计上都不显著。

3）回归结果

刻板印象对努力程度的影响

89

我们选择基准组和刻板处理组的样本，分析负面刻板印象是否影响参与者的努力程度（用比赛成绩和对答案提示的投资选择来测度）。表 3-10 分别呈现了对澳大利亚参与者和中国参与者子样本的回归结果。我们感兴趣的主要变量是"刻板印象"和"刻板印象×数学任务"。前者的估计值反映的是逻辑任务中刻板印象的影响。"刻板印象"和"刻板印象×数学任务"估计值之和反映了数学任务中刻板印象的影响。我们还控制了澳大利亚参与者的性别、年龄、风险态度、所学专业和数学技能。我们收集了澳大利亚参与者高中数学水平的信息，作为其数学技能的代理变量。样本中有 29％的参与者的数学水平是 A（基本水平），39％是 B（中间水平），32％是 C（高级水平）。

结果表明，刻板印象对澳大利亚参与者的提示选择和比赛表现没有影响，而中国参与者在刻板印象处理组中的表现较在基准处理组中差，这一结果在 5％统计水平下显著。在数学任务中，刻板印象对中国参与者几乎没有影响。至于澳大利亚参与者，我们没有发现刻板印象对提示选择有显著的影响。

这一研究结果与我们提出的第一个假说相反,即认为在刻板印象的处理组中,澳大利亚参与者在数学任务中刻板印象会降低比赛成绩和减少答案提示的投资,并在控制任务中保持相同水平的努力。实际研究结果显示,刻板印象对澳大利亚参与者的成绩表现和提示投资选择没有显著性影响。

表 3-10 回归结果:基准组 VS 刻板印象

	澳大利亚学生		中国学生	
	提示选择	成绩	提示选择	成绩
刻板印象	−0.127	−0.072	−0.219	−0.284**
	(0.121)	(0.226)	(0.146)	(0.140)
数学任务	−0.164	−1.023***	−0.332**	0.690***
	(0.127)	(0.190)	(0.131)	(0.119)
刻板印象×数学任务	−0.01	0.107	0.161	0.263*
	(0.158)	(0.287)	(0.176)	(0.153)
男性	0.006	0.010	−0.296**	0.035
	(0.094)	(0.141)	(0.125)	(0.130)
年龄	0.001	−0.018***	−0.013	0.002
	(0.006)	(0.007)	(0.031)	(0.022)
任务顺序	0.188**	−0.090	0.303***	−0.083
	(0.078)	(0.144)	(0.094)	(0.083)
数学 A	0.010	−1.108***		
	(0.100)	(0.185)		
数学 B	0.201	−0.670***		
	(0.136)	(0.196)		
风险规避	0.007	−0.020	−0.002	0.057**
	(0.017)	(0.029)	(0.026)	(0.025)
经济专业	0.070	−0.027		
	(−0.097)	(−0.156)		
购买提示	−0.109	−0.054		
	(0.112)	(0.077)		
常数项	0.182	1.503***	1.140	−0.307
	(0.193)	(0.305)	(0.710)	(0.512)
N	186	186	204	204

注释:括号里为标准差。成绩表现经标准化后均值为0,标准差为1。"经济专业"是一个虚拟变量,实验参与者来自商学院或经济学院,则为1,否则为0;* 表示在10%统计水平上显著,** 表示在5%统计水平上显著,*** 表示在1%统计水平上显著。

平权行动对努力程度的影响

现在分析平权行动是否会影响参与者在比赛中的努力。我们将刻板印象处理组作为研究平权行动影响的基准。我们感兴趣的主要变量是"平权行动"和"平权行动×数学任务"。表3-11分别给出了澳大利亚和中国参与者在比赛中的成绩表现和投资提示选择的回归结果,该分析将样本限制在了刻板印象和AA处理组。有证据(在10%水平下显著)显示,对于控制任务,澳大利亚参与者在平权处理组中的表现较在刻板印象处理组中的表现差(标准差下降0.43)。然而,平权行动没有影响澳大利亚参与者在数学任务上的表现(估计值几乎为零)。对于中国参与者,我们没有发现平权行动对成绩表现或提示选择有显著影响。

表 3-11　回归结果:刻板印象 VS 平权行动

	澳大利亚学生		中国学生	
	提示选择	成绩	提示选择	成绩
平权行动	0.132	−0.432 *	0.153	0.150
	(0.139)	(0.238)	(0.156)	(0.146)
数学任务	−0.174 *	−0.950 * * *	−0.165	0.978 * * *
	(0.096)	(0.216)	(0.111)	(0.100)
平权行动×数学任务	0.041	0.480	−0.022	−0.133
	(0.178)	(0.311)	(0.185)	(0.166)
男性	0.123	−0.061	−0.239 *	0.140 *
	(0.091)	(0.149)	(0.131)	(0.084)
年龄	−0.008	−0.007	−0.009	0.013
	(0.011)	(0.017)	(0.036)	(0.017)
任务顺序	0.088	−0.057	0.345 * * *	−0.005
	(0.089)	(0.152)	(0.093)	(0.084)
数学 A	0.145	−0.789 * * *		
	(0.129)	(0.207)		
数学 B	0.141	−0.363 * * *		
	(0.100)	(0.174)		
风险规避	0.003	−0.040	−0.036	0.083 * *
	(0.023)	(0.030)	(0.029)	(0.034)

续表

	澳大利亚学生		中国学生	
	提示选择	成绩	提示选择	成绩
经济专业	0.102	−0.126		
	(0.093)	(0.160)		
购买提示		−0.309＊＊		
		(−0.144)		
常数项	0.211	1.250＊＊＊	0.973	−1.052＊＊
	(0.255)	(0.385)	(0.783)	(0.452)
N	174	174	180	180

注释:括号里为标准差。成绩表现经标准化后均值为0,标准差为1。"经济专业"是一个虚拟变量,实验参与者来自商学院或经济学院,则为1,否则为0;＊表示在10%统计水平上显著,＊＊表示在5%统计水平上显著,＊＊＊表示在1%统计水平上显著。

研究结果部分支持了我们提出的第二个假设。有证据表明,平权行动降低了澳大利亚参与者在无刻板印象任务中的努力,但当他们面临真正劣势时并没有改变他们的努力程度。

我们也观察到数学能力较低(数学 A 和 B)的澳大利亚参与者表现较差,这是由他们在数学任务中的表现决定的。当参与者在第一轮中购买较多提示时,任务顺序对购买提示的决定将会产生系统性影响。

刻板印象和平权行动对看法的影响

我们分析刻板印象和平权行动是否会影响参与者对比赛表现的预期。表 3-12 给出的回归结果表明,刻板印象或平权行动对参与者的预期排名没有影响。我们发现,男性参与者的预期排名较女性参与者高,这与之前的发现一致(Niederle et al,2013)。此外,数学功底较差的澳大利亚参加者的预期排名较低。在任务中表现较好的澳大利亚参与者预期排名则较高。

表 3-12　预期排名

	基准组 VS 刻板印象		刻板印象 VS 平权行动	
	澳大利亚学生	中国学生	澳大利亚学生	中国学生
刻板印象	0.171	0.206		
	(0.249)	(0.220)		
平权行动			0.236	−0.309
			(0.310)	(0.232)

续表

	基准组 VS 刻板印象		刻板印象 VS 平权行动	
	澳大利亚学生	中国学生	澳大利亚学生	中国学生
数学任务	0.229	−0.023	−0.115	−1.170＊＊＊
	(0.223)	(0.491)	(0.228)	(0.450)
数学任务× 刻板印象	−0.287	0.022		
	(0.251)	(0.176)		
数学任务× 平权行动			0.229	0.040
			(0.280)	(0.177)
男性	−0.927＊＊＊	−0.464	−0.622＊＊＊	−0.711＊＊
	(0.212)	(0.343)	(0.217)	(0.321)
年龄	−0.001	−0.072	−0.051＊＊	−0.047
	(0.019)	(0.061)	(0.024)	(0.061)
数学 A	0.488＊		0.631＊	
	(0.265)		(0.348)	
数学 B	0.327		0.383	
	(0.291)		(0.260)	
风险规避	−0.058	−0.014	−0.001	−0.034
	(0.047)	(0.054)	(0.060)	(0.058)
经济专业	−0.502＊＊		−0.510＊＊	
	(0.216)		(0.218)	
成绩	−0.093＊＊＊	0.003	−0.080＊＊＊	0.133＊＊＊
	(0.034)	(0.058)	(0.031)	(0.051)
常数项	4.477＊＊＊	5.075＊＊＊	5.088＊＊＊	4.818＊＊＊
	(0.525)	(1.374)	(0.648)	(1.322)
N	186	204	174	180

注释:括号里为标准差。成绩表现经标准化后均值为0,标准差为1。"经济专业"是一个虚拟变量,实验参与者来自商学院或经济学院,则为1,否则为0;＊表示在10%统计水平上显著,＊＊表示在5%统计水平上显著,＊＊＊表示在1%统计水平上显著。

4) 潜在的局限性

上述研究结果的解释存在一定的局限性,表现在中国参与者的样本中女性数量高于男性。但是,性别比例不平衡可能是不太重要的,因为我们的主要兴趣在澳大利亚参与者的行为上,参与者并不知道其他大学参与团队的性别组

93

成,Skype 视频也不允许参与者清楚地看到其他人的脸。

鉴于澳大利亚参与者在数学任务中整体表现较中国参与者差,而且澳大利亚参与者在平权处理组中受优待,所以刻板印象可能是实验的一个假象。然而,这不太可能是一个重要的问题,因为参与者只通过他们自己的表现获得回馈。此外,处理组隐式关联测试结果分析得到的结论与综合三种处理组时所得到的结论是一致的。

5. 结语

我们开展了一个旨在研究平权行动对努力程度影响的跨国实验,实验是在参与者之间因不同技能而形成的刻板印象背景下,同时对澳大利亚和中国大学生进行了实验。实验中的学生六人为一组,并在竞争环境下执行实际工作任务。透过数学任务,研究了现实存在的刻板印象和竞争能力的不对称性,在数学任务中,澳大利亚学生较中国学生存在明显的劣势。

在数学任务中,尽管澳大利亚和中国的参与者的成绩表现有较大差异,并且有证据表明刻板印象的存在,但是澳大利亚参与者的努力程度没有太大变化,即使他们赢得比赛的可能性因平权行动而大大提升。相反,实验证据表明在不存在劣势的情况下,平权行动阻碍了参与者的努力。我们的研究结果进一步支持了平权行动实验的重要性,研究有助于评价平权行动对减少教育不平等的有效性。

总　结

本章研究了身份认同与义务教育均等化的关系。尽管中国的户籍制度对外地居民形成了事实上的歧视,但很难在现实生活中将这种制度歧视(外生)与统计歧视(内生)区分开来,因而很难测度身份认同对人们行为决策(例如对子女的教育投资等)的实际影响。我们通过劳动力市场中的互惠博弈实验,揭示了户口状态所引致的身份认同对劳动力市场均衡的影响。如果控制了其他因素,我们发现,对外地居民的歧视是普遍存在的,而这种歧视主要来自本地居民的行为偏好,而非统计上的歧视。将城乡分割的户籍制度是造成这一行为偏好主要原因,因为制度为人们提供了歧视的合理理由。

　　本地居民对外地居民的歧视,很大程度上造成了城市外来人口,尤其是进城务工农民在城市生活中的归属意识,他们通常会形成一个自我隔离的群体,直接影响了其随迁子女在义务教育过程中与本地居民子女的融合。虽然我国在推进义务教育均等化方面取得了长足的进步,外来工随迁子女获得普及性义务教育机会的问题已经基本得到解决,但在教育过程和教育结果方面,随迁子女与城市居民子女还存在巨大的差异。而如果这种差异与行为偏好有关,将会产生自我累积效应,很难纠正过来。也就是说,行为偏好造成的歧视是很难消除的,市场力量和社会力量会产生一种让歧视持续下去的惯性。我们的调查数据和其他学者的研究表明,即使中国户籍制度已经有了很大改革,可是在优质教育资源分布不均以及优胜劣汰、竞争激烈的升学制度之下,随迁子女在义务教育阶段已经被隔离在低水平的"竞争区间",他们一般集中在城市郊区或城乡结合部的小学或中学里,与收入水平和身份背景相似的同学在一起,很难进入到城市中的优质学校。教育的不平等将会极大影响社会阶层的流动,固化社会的分层和隔离,影响社会的和谐稳定发展。从这个意义上说,在教育领域推行促进平等的计划,实施教育均等化政策对我国尤为重要。

　　教育是决定一个人未来发展机遇的最重要的因素。面对由于历史原因造成的教育不平等,很多国家都有针对弱势群体的平权行动,试图通过对这些群体的补偿,达到促进教育公平的目的。然而,平权行动也招致了很多争议和质疑,因为效率和公平之间的权衡微妙而复杂,单一通过为弱势群体提供优待的平权行动,很容易使教育分配计划陷入一种能力不匹配、无效补贴的窘境。我们用行为实验证明了当群体不存在明显劣势的情况下,平权行动将显著降低人们的努力水平,而当群体之间存在能力差异时,平权行动的影响并不显著。这个实验结果以及其他学者的研究提示我们,在中国这样一个城乡和地区差异显著、社会群体被户籍制度分割的社会里,在扩大教育机会、提高公共教育的总体质量方面,用平权行动促进教育的平等也许是有必要的。

第四章　同伴效应与义务教育均等化

方以类聚，物以群分，吉凶生矣。

——《易经·系辞上》

一个人是通过他人而成其为人的。

——德斯蒙德·图图

一、同伴效应及其相关研究

关于教育的不平等问题，长期以来，社会的焦点聚集在教育机会和起点的公平上，对教育过程中影响学生学业成绩，从而决定其未来教育结果的因素则缺乏足够的关注。事实上，解决了机会平等之后，教育过程对教育成就的影响更为直接和复杂。复杂性来自于影响教育过程的诸多因素都与具体的人有关，这些具体的人是教育的参与者，包括学生、父母、教师和教育管理者，他们的个体特征、群体特征以及他们之间的互动关系很难用一个统一的分析框架来解释。近年来，许多研究综合了教育学、心理学、行为经济学、社会学等多门学科的知识和逻辑，试图梳理出一般性的规律。其中，同伴效应就是近年来学术界在解释教育过程发生的择校、群体排斥、社会隔离现象时用到的一个重要视角。

（一）同伴效应的概念

一般来说，"同伴效应"指个体的行为和表现受到所在群体的同伴的影响，因此又被称为"同群效应"。教育情境下的"同伴效应"最早出现在 Coleman 等（1996）研究教育成功要素的学术报告中，他们强调了同伴对个人学习成绩的重要性。我国古代也有所谓"近朱者赤,近墨者黑"的说法,表明受益于能力强的同伴所产生的外部性,组织或个人的效率可以得到显著提升。因此,"与能者同行"被认为是决定经济和社会成功的关键因素。

同伴效应本质上是一种发生在群体内部的社会互动。根据 Scheinkman (2006)的定义,社会互动是一种特殊的外部性,这种外部性是由于群体的行为影响个体偏好而产生的。这里的群体指的是环境或是家庭、邻居、朋友、同伴。为了与依赖价格信号的市场互动区分,社会互动有时又被称为"非市场互动"。社会互动的概念主要起源于社会学和人类学的范畴,进入经济学研究的视野可以追溯到凡勃伦(Veblen,1953)。这位制度经济学和演化经济学的开创者,在他的著作《有闲阶级理论》①中提到了社会互动对消费的影响。他主张将经济学研究与社会学相结合,认为经济行为是在社会中确定下来的,而不是单纯的个人决策。凡勃伦的思想影响了后来的社会学研究。Schelling(1971)最早用规范的分析方法研究了社会群体对个体经济行为的影响,之后贝克尔(Gary Becker)和墨菲(Kevin Murphy)等人正式提出了社会经济学(Social Economics)②的概念,将社会互动纳入经济学的分析框架,大大扩展了经济学研究的边界,促进了公共政策的社会适应性。

近年来,关于社会互动的研究十分丰富,很多研究扩展到了教育学、心理学的领域,促进了这些学科与经济学的融合发展,对行为经济学的发展也产生了很大影响。同伴效应的理论被广泛应用于探讨学业成绩、择校、犯罪、退休计划、肥胖等问题。例如,若同伴之间的互动对个体成绩确实存在显著影响,在学校里根据能力分组,或者按照考试成绩筛选学生的入学制度和分班制度就值得反思了,尤其是在强调教育平等的义务教育阶段。目前,我国广泛存在的择校现象,除了师资、学校硬件等教育资源本身分配不均的原因以外,还有一个重要原因就是家长们认为跟自己的孩子跟学习习惯好、能力强的同学在一起,可以学到更多,成绩容易保持在较高水平。他们其实有意或无意地遵从了"同伴效

---

① Veblen T. The theory of the leisure class:an economic study of institutions[J]. The Modern Library,1953,8(3):369-374.

② Becker G S,Murphy K M. Social Economics Market Behavior in a Social Environment[M]. Massachusetts:Belknap Press of Harvard University Press,2000.

应"理论。

但是，正如 Manski（2000）在其综述文章里所提到的那样，尽管社会互动的理论研究有了很大进展，同伴效应的文献也很多，但在基本概念、理论框架和实证研究方面仍然存在许多问题。下面我们将就同伴效应的相关研究进行回顾和综述，了解以往研究如何证明同伴效应的存在，如何检验同伴效应在教育过程中的作用，并在此基础上分析同伴效应与身份认同的相互作用及其均衡结果，指出进一步研究的方向。

（二）同伴效应研究在教育领域的进展

研究同伴效应对学生学业成绩的影响，是近年来教育经济学的热门话题之一。了解同伴效应的本质和大小，有助于我们更清楚地理解教育的投入产出函数（Sacerdote，2001）。如果同伴效应比其他的教育投入要素（如师资、教学设备等）更为重要，也许就要重新考虑资源分配和教育政策的方向了。另外，计算同伴之间的互动产生的社会乘数效应，有助于准确评估一项教育政策（如择校、教育券等）的社会收益，从而提高整个社会的总体福利水平。

1. 同伴效应理论和模型

同伴效应理论是在社会互动的理论研究基础上发展起来的。在社会学的范畴里，涉及社会互动的概念很多，对社会互动的过程也没有清晰界定，因此无法形成一个统一的理论体系（Manski，2000）。曼斯基（Manski）认为，在经济学的理论框架下，社会互动可以界定为"作为决策者的个体之间通过行为选择进行的互动，个体所选择的行为将影响其他个体的行为约束条件、预期或偏好"。进一步地，经济学家用数学工具将社会互动过程刻画出来，将社会互动纳入一般均衡模型，从而分析社会互动对市场均衡的影响。

基于个体与群体的行为趋同的观察，Manski（1993）结合社会学和社会心理学的成果，提出了三个关于社会互动效应的假说：第一个假说是内生效应，即个体的行为倾向随着群体行为的变化而变化；第二个假说是外生效应，又称为情境效应，即个体的行为受到所在群体的外部特征的影响；第三个假说是关联效应，指的是同在一个群体里的个体因有着相似的特征或背景环境而行为相似。区分这三种效应对于分析公共政策的影响具有重要的意义。例如，学生在学校里的学业成绩可能同时具有以上三种效应。学生的个人成绩与所在学校、班级或所属其他群体的平均成绩有关,与此同时,个人平均表现还受到所属群体的社会经济特征(如家庭收入、种族等)的影响。优秀班级里的学生,大多来自重视教育的家庭,因而个人表现出来较强的学习能力;成绩优秀的班级也可能是因为任课老师教学经验丰富。曼斯基的理论为后来的学者研究同伴效应的识别问题提供了重要思路。

曼斯基所说的第一种效应所强调的是内生于群体的社会互动,也就是所谓的"同伴效应"。经济学家关注"同伴效应"的原因是同伴效应本质是一种没有被内部化的外部性,这就为旨在提高福利水平的政策干预提供了空间。个体行为的变化不但受到基本面因素的直接影响,还受到群体其他成员行为变化的间接影响。这种间接影响加总起来就是所谓的"社会乘数"(social multiplier)。如果社会乘数足够大,基本面因素的小幅变动就能通过社会互动引起群体层面的大幅变动(Scheinkman,2006)。社会乘数可以用受到外部参数影响的群体成员平均变化相对于个体变化的比率来测度。"社会乘数"这个概念,可以帮助我们分析针对少数人的教育政策如何通过社会互动产生放大效应,扩大公共政策的影响面。

同伴效应的理论模型可以追溯到 Schelling(1971)的社会互动模型,谢林(Schelling)证明了当人们可以选择居住地时,社会互动的存在导致人们在空间上的分割,即人们选择住处会受到邻居的影响。与谢林(Schelling)的模型类似,后来的社会互动模型也用个人的边际效用与其同伴的平均表现之间的正相关性来刻画同伴之间的互动。之后,Schelling(1978)提出了临界值模型(critical mass model),强调了群体中"无条件行动者"和"从众者"对均衡结果的影响。Follmer(1974)借用了统计物理学中的随机场模型来描述社会互动。可以说,后来的社会互动模型基本都是以谢林(Schelling)和福尔默(Follmer)的模型拓展而来,核心都是研究个体之间相互依赖的关系对均衡行为的影响。

2. 同伴效应实证研究中的问题和进展

同伴效应的实证研究所采用的模型主要包括基本模型和拓展模型。同伴效应基本模型的假设是个体在同一个群体中互动,而不考虑与群体之外的个体之间的互动,而且个体的表现与群体的平均表现线性相关。

根据这一基本模型，Hoxby（2000）指出同伴效应理论会遇到两个学术难题：第一个难题是识别同伴效应是否存在的问题，第二个是同伴效应的分配问题——基本模型只有分配上的效果，对效率则无影响。第一难题的核心是在实证上如何解决自选择、样本非随机、双向因果关系等造成的估计偏误问题。自选择和样本非随机所造成的估计偏误成为选择性偏误。例如，成绩好、能力强的学生总是会选择那些适合自己水平的学校，受过良好教育的家长倾向于给自己的孩子选择教学水平高、平均成绩优秀的班级，因此学生的成绩也许不是受到班级同伴的影响，而是由其家庭的教育背景、经济水平或学生自身的能力等难以观察到的变量决定的。此外，学校方面也会人为造成选择性偏差。比如，学校会把"问题学生"分配到一个特殊的班级，原因是这个班的班主任可能善于管理这一类学生。一些学者通过增加影响"选择"行为的控制变量或尽量采用随机样本的办法来解决选择性偏误问题。Hanushek 等（2003）用固定效应模型和滞后变量，控制了家庭和学校的影响因素（情境效应），考察了同伴群体特点对学生成绩的影响。他们发现，同伴的学业成绩对学生自己的成绩呈正向效应，但同伴成绩的变动（或同伴的异质性）对学生成绩（数学）的提高没有显著影响。Hoxby（2000）用美国得克萨斯州 3 到 6 年级公立小学的数据，获得学校每个年级不同群体（依据种族和性别）比例构成的随机样本，在一定程度上避免了之前基于班级的同伴效应研究所产生的选择性偏误。在随机分配寝室的达特茅斯大学，Sacerdote（2001）对所有新生进行了问卷调查（主要为个人生活习惯类问题），分析官方成绩数据（GPA 和排名等），发现除学习成绩外，同伴效应还对其他重大人生决定产生影响，如专业选择，是否抽烟和听歌偏好等。

双向因果关系所导致的内生性问题是识别同伴效应是否存在涉及的另一个普遍问题，即解释变量和被解释变量存在着双向因果关系而产生的估计偏误。例如，一个学生会通过同伴效应影响另一个学生的表现，与此同时，后者的表现又影响了前者的成绩。这就是 Manski（1993）所提到的反射问题（reflection problem），就像人和镜子里的自己一样。学生之间相互影响的交互效应（correlated effect）将使得同伴效应很难识别出来。处理这种互为因果关系导致的内生性问题，通常采用工具变量法来解决。

第二个难题与同伴效应理论的基本模型假设有关。根据基本模型，个体的表现和群体平均水平呈线性关系,那么群体内部的个体与谁成为同伴是无关紧要的,因为这不影响其所在群体的平均表现。而事实上,个体成绩与群体平均表现的关系可能是非线性的,而且影响个体表现的渠道不限于群体的平均成绩,群体的属性(如种族、性别等)都会对个体表现产生影响。

　　针对基本模型存在的问题,一些拓展模型采用了非线性的函数关系,假设每个个体受到群体影响的程度和方式是不同的,在计量模型设定中考虑了对个体的异质性影响。例如,Ding & Lehrer(2007)收集了从1995—1998年江苏省约1 300名高中生的在校及高考成绩数据,并且获得了与之相应的1 000多名教师的教学及管理方面的数据、本地政府给学校投资的数据以及其他教育投入等数据,用半参数估计方法验证了同伴效应的存在。他们发现,高考成绩在最高分位的学生受其同伴的影响是最低分位学生的同伴效应的两倍之多,说明学生更多受益于能力强且方差变化小的同伴群体。Hoxby & Weingarth(2005)采用了相似的方法,研究3到8年级学生的同伴效应。根据学生过去的成绩,将学生分为十个百分位,用学生先前成绩的百分位和落在每十个百分位上的同伴进行交互,共获得100个交互项。研究发现,处于分位数最底端的学生的成绩受处于分位数15%的学生的成绩的影响,处于最高分位的学生的成绩受同样处于高分位的学生的成绩的影响,处于中间分位的学生的成绩受到同伴效应的影响则相对较小。Burke & Sass(2006)通过构建非线性模型,以阅读能力与数学能力(标准化考试成绩)为标准,验证了同伴效应对3至10年级学生学习能力的影响,并得出了班级同伴效应相对年级同伴效应更加显著的结论。此外,他们还发现学习成绩好、中等和差的学生之间的同伴效应明显不同,让中等学生与好学生在一起能显著提高其成绩,但对于差生而言,在精英班学习比在普通班更痛苦,继而他给出了应基于学术表现混合分班的建议。加拿大学者布莱默尔(Bramoulle)等将社交网络的概念引入同伴效应研究,给出了区分同伴效应中内外生作用的新思路。

　　由于影响个人表现的社会互动通常与非社会互动纠缠在一起,而且影响渠道也不止一个,所以在实证研究中计量方法的选择和处理就需要非常细致和严谨。但是现实中,由于很多变量难以观察到,如何区分背景影响(contextual effects)和内生影响(endogenous effects)变成了一道难题。此外,教学环境的复杂性又为教育领域的同伴效应研究增添了一分难度。教育环境的细微改变，如任课老师的能力，班级规模，是否有过转学历史等都可能影响同伴效应的大小。

为解决上述问题，近年来一些学者采用模拟教育环境的准实验方法。例如，德国经济学家 Eisenkopf(2010)设计了一个没有教师参与的学习过程，随机为学生分配搭档(有的学生没有搭档)，并让他们进行自主学习。在控制其他环境因素的情况下，通过对照两组学生(有搭档和没有搭档)的学习成果，证实了同伴效应对于学生成绩的影响。Christian & Simon(2014)的三人礼物交换游戏又进一步证实了同伴效应对于个人偏好的影响。为了进一步提高研究精确性，Burke & Sass(2006)在其研究中将教龄作为反映教师能力的指标考虑在内(1～2 年；3～4 年；5～9 年；10 年以上)，发现当加入了老师这一因素后，同伴效应较此前有所下降。

(三) 身份认同、同伴效应和群分效应

1. 身份认同和同伴的形成

近三十年来，一些学者在基本模型的基础上，对同伴效应理论进行了拓展和完善，与此相关的实证研究也非常丰富。尽管社会学、心理学、教育学和经济学有大量关于同伴效应的文献，但人们对同伴效应的内在机制却知之甚少。学术界对可以称之为"同伴"的群体缺乏权威性的定义和理解(Nechyba，1999)。对一个特定的学生而言，他或她面临着"选择谁作为同伴"的问题，而这样的问题在研究中也常常被忽视，或者直接用已获得的数据来定义。这种方法直接或间接地用该学生所属群体的客观概念来定义同伴。事实上，学生之间的交往是有选择性的。确切地说，同伴应该是该学生周围人群的一个子集，这种观点是心理学家 Harris(1995)和 Cairns 等(1995)首次提出来的。他们的研究解释了小规模的同伴群体是如何形成的，表明同伴通常是与他们相似的人群。因此，理解同伴效应首先要弄清楚同伴群体是如何形成的。近年来经济学的研究尤其关注在特定的学生社交网络中的同伴识别问题。

过去的研究认为，同伴效应有助于提高同伴的期望或抱负。业绩优秀的同伴能够提供一种社会情境，在此情境中学生评价自己的表现，内化社会规范，从

而形成对其学业成绩的预期(Pallas et al,1994)。在行为决策理论中,这种现象可以从两方面来解释。首先,学生会向他们可触范围以内的同伴学习(Rayo & Becker,2007),这种学习现象被称为"示范效应"。另一方面,学生们之间会进行比较,这种"比较效应"被认为是幸福感主要决定因素(Clark et al,2008)。因此,能力强的学生具有很强的"与同伴保持一致"的动机。如果同伴效应主要是"示范效应",那么同伴可能是能够为自己提供可能学习机会的"相似的"群体;而如果是"比较效应"占优,根据社会偏好理论,学生们可能不但关心与自己具有相同身份的同伴的表现,还关心其他不同身份的同伴的表现。因此,当有些人的身份不同于优秀同伴时,优秀同伴产生的正向同伴效应也许无法使这些人受益。处于弱势地位的小群体会形成一种与主要群体发生自我隔离的身份认同。Akerlof & Kranton(2000)的模型从身份认同的角度阐述了此问题,近来的研究也表明不同社会和文化背景的孩子对于获得更高级别的教育有着不同的期望(Bowden & Doughney,2009)。

研究表明,基于群体属性或社会偏好所形成的身份认同对同伴的构成以及同伴效应的强弱具有不可忽视的影响。Hoxby(2000)从性别比例与种族构成的视角研究了同伴效应对 3 到 6 年级学生成绩的影响,发现女生人数占比的提高有助于提高学生成绩(尤其是数学),且同伴效应往往发生于种族内而不是种族之间。Lavy & Schlosser(2011)针对小学至高中学生的研究进一步证实了这一结论,并提出提高女生比例还对增强课堂纪律有一定积极作用。

2. 群分效应、教育不平等和社会分层

人与人之间的偏好差异是造成"物以类聚,人以群分"的直接原因(陆铭、张爽,2007)。身份认同本质上是一种社会偏好。人与人之间由于偏好形成同伴群体获得身份认同,在社会互动中同伴之间相互影响、相互作用产生同伴效应,同伴效应会进一步强化身份认同,造成群分效应(sorting effect)。群分效应是指人们按偏好、收入或社会地位的不同而形成不同的社会群体。群分效应与社会分层(Stratification)的概念有相似之处,社会分层是指社会成员或社会群体因社会资源占有不同而产生的层化或差异现象,体现了人们在社会空间结构上的不均等。群分效应和社会分层之间的区别在于前者强调群体的分化,后者强调社会阶层和等级秩序。

在现实生活中,身份认同、群分效应以及市场因素之间发生错综复杂的相互作用,从而对社会空间结构产生深刻影响。教育上的群分效应集中体现在不同社会群体的子女在学区分布上的差异。例如,在按学区划片入学的政策下,收入高的群体可以通过购买昂贵的学区房进入名校,将低收入群体挤出名校市场;高收入群体的子女在获得优质的教育资源的同时,通过同伴效应和其他社会互动,取得良好的教育效果。而低收入群体的子女即使学习能力强,其学业成绩也会因为进入平均成绩不高的普通学校而受到影响。学校之间教育质量的差异进一步加剧了群分效应。由于教育是影响人力资本积累和收入的重要因素,而且教育具有典型的代际传递特征。父母的平均教育水平显著影响了下一代的受教育程度。教育不平等通过代际传递,将使得群分效应固化为流动性差的社会分层结构,进一步扩大社会贫富差距,造成社会的不平等。

由于制度原因造成的身份差异而形成的群分效应,最典型的就是中国户籍制度下的城乡二元分割以及由此造成的一系列的社会不平等。本地户口和外地户口的区别,将社会群体分为本地居民和外地居民,前者享受城市户口所赋予的各种社会福利,后者则因为户口不在本地而无法获得与本地居民同等的公共服务,或者必须支付与之相应的成本才能享受同等的社会福利,人为制造了公共服务资源的"门槛"。

随着我国加快城镇化进程,全力推进义务教育的均衡发展,没有城镇户口而无法上学的问题已经基本得到了解决,农民工随迁子女可以享受与城市居民子女同等的入学机会。然而,制度惯性和历史原因已经造成了群体间的事实上的不平等,外地农民工群体和城市居民群体的实际收入存在着很大差距,这个差距阻碍了弱势群体获取优质教育资源的机会。一方面教育获取机会的不平等增加了代际传递的不平等,另一方面群分效应和同伴效应彼此叠加,使身份不同的社会群体之间的收入差距进一步扩大。

农民工居住地一般位于城市边缘或郊区,或者集中在"城中村",其随迁子女进入的小学以居住地周边的学校为主,这些小学一般分为三种类型:一是民办学校,以招收农民工子弟为主;二是民办转公办的学校,生源构成中大多数为农民工随迁子女;三是普通公办小学,农民工随迁子女一般是通过择校的方式进入普通公办小学。在没有政策干预的前提下,前两种学校的生源构成决定了他们在获取和积累优质教育资源方面的弱势，在同伴效应的影响下，城市居民子女将选择远离这两类学校，造成义务教育群体的群分效应，低收入的外地户籍子女逐渐被隔离为一个独立的群体，教学环境和质量陷入低水平的均衡状态。第三种情况比较复杂。在国家大力推进义务教育均等化的前提下，明确规定进城务工人员随迁子女的义务教育"以流入政府管理为主，以公办中小学为主"。因此，各地的教育管理部门必须接受进城务工人员随迁子女进入公办小学就读的申请。例如，南京市玄武区教育局规定，进城务工人员随迁子女到我区公办小学就读，申请时需提交"在本市居住满一年的居住证或暂住证、监护人相对稳定工作证明、符合流入地计划生育政策规定的相关证明材料、随迁子女出生证、预防接种证等证件，待所在区的户籍学生义务教育学位派定完成后，由区教育局统筹安排就读，不参加电脑派位"。同时规定，"集体户或户籍空挂且家庭无房产等其他特殊情况，由区教育局统筹安排学校就读，不参加电脑派位"。相比于过去入学无门的状况，这些规定和办法已经体现了我国在促进教育公平和义务教育均等化过程中的巨大进步，但与此同时也应该看到，户籍和房产本身已经成为获取优质教育资源的门槛，户籍背后是制度性歧视，而基于房产的选择权（可选择在学区就读或参加重点学校的电脑派位）则是针对低收入群体的歧视。另外，虽然政府为了支持更多的进城务工随迁子女进入公办小学，明令禁止收取择校费，但是实际操作过程中却发现很多学校以名额有限为理由拒收外地户籍学生，为学校管理者寻租留下了更大的空间，被取消的择校费转变成为隐性的"关系费"，使优质小学成为弱势群体高不可攀的门槛，妨碍了义务教育的公平发展。

由于身份不同而造成的群分效应，经由代际传递和教育过程的同伴效应而演变成受教育群体的社会分割，进而加剧群分效应。这种现象不但在中国存在，在世界很多国家都普遍存在，例如美国。美国是一个多种族的多元化社会，白人、黑人、西班牙族裔和亚洲族裔等群体之间存在居住和教育空间上的群分效应。群分效应起初可能是由历史和文化差异导致的偏好不同而引起的，随着群体社会互动的增加，逐渐变为以族裔和收入划分的聚居区。白人聚居的地方往往是优质学区和其他公共服务集中的地方，而黑人和其他族裔的聚居地则存在公共服务不足或质量差的问题。家庭收入低、教育背景差的学生只能在教学质量不高的社区学校上学,而高收入的富人家庭的孩子可以选择上昂贵的私立学校,也可以通过购买学区房上优质的公立学校。在同伴效应的影响下,群分效应将进一步增加,弱势群体通过教育来改变命运、减小代际传递的不平等的可能性变小。当群分效应很强的时候,政策干预的效果是不明显的。美国政府对黑人占多数的学校投入很大,但很难扭转人们对这些学校的刻板印象。重视教育的家庭会担心自己的孩子受到负面影响而远离这样的学校,而成绩好的黑人也会因为担心受到同伴排斥而选择转学。

(四)基于同伴效应的公共政策分析

教育的群分效应和同伴效应,以及由此影响社会分层的问题,不但一直是学术界关注的理论问题,也是公共政策的制定者迫切需要研究的现实问题。例如人们所关心的中小学择校问题,教育政策该怎么制定? 如何才能在不损害大多数人福利的前提下提高教育生产力? 如何兼顾到公平和效率? 回答这些疑问,不但需要清晰、完整的逻辑框架,而且还要结合各个国家或地区的历史条件和人群特点,进行全面而审慎的分析。经济学家倾向于用一般均衡理论的框架来分析和评价教育政策,其中涉及择校、教育券等教育政策时,很多研究用到了同伴效应和群分效应理论。

1. 教育券

世界各国都有一套促进本国教育公平和均衡的政策,其中比较常用的是推行义务教育、免费教育,通过转移支付的方式对弱势地区和学校进行师资和教学设施方面的倾斜和补贴。这些教育政策基本上是自上而下的,而教育券则是一种试图通过市场和政府的合力来促进教育均等化的教育政策。教育券理论最早是由诺贝尔经济学奖获得者、美国经济学家米尔顿·弗里德曼在 1955 年提出来的。弗里德曼在他的《政府在教育中的作用》中指出,公立学校的封闭和官僚体制引致效率低下的严重问题。只有将市场机制引入教育,才能实现教育公平、提高教育效率。"教育券"又称教育凭证,本质上是一种代币券,通常用于国家法定的义务教育阶段。政府将教育公共经费以教育券的形式发给学生,由学生交给其选择入学的学校,学校凭借教育券向政府领取与之等值的教育经费。教育券项目的资金主要来自公共财政(在美国,也有私立教育券计划,资金主要来自教育基金会等私人机构),参与教育券项目的学校一般需要得到政府的认可。教育券实际上是给了学生择校的自主权,增加了学校之间的竞争,有利于促进教育机会的均等。

目前,世界各国施行教育券一般有以下几种模式:一是"扶贫"模式,即是资助低收入家庭学生择校。例如,美国"密尔沃基市家长择校计划",规定居住在密尔沃基市并且收入等于或低于贫困线1.75倍家庭的子女才有资格参加,允许家长通过教育券项目在公立学校和私立学校[①]之间自由选择(贺国庆、曾媛媛,2015)。美国俄亥俄州的克里夫兰奖学金计划也是资助低收入家庭儿童,以提高其选择学校的能力。二是"竞争"模式,教育券的发放是根据州教育部门对学校质量的评级而定,差评学校的学生可以获得教育券,用于支付择校的费用。美国佛罗里达州教育券计划就是这个模式。评分级别高的学校意味着办学质量高,这样的学校可以从政府获得额外的经费支持,而且还能免去政府管理,获得更大的自主权。三是"奖优"模式,即通过奖学金的形式,鼓励成绩优秀的学生申请教育券,对家庭经济条件不做要求。例如,意大利针对优秀学生发放教育券,资助其选择私立学校(赵萱,2016)。四是"普遍"模式,即对公立学校和私立学校全面实行教育券项目,家长可凭教育券自由选择适合自己孩子成长的学校。荷兰是普遍实行教育券的国家,政府的教育拨款以教育券的形式分配给公立或私立学校,形成"公助私学"的特色,私立学校需要在政府资助和学费之间做出权衡,接受较高政府资助的私立学校只能收取较低的学费,而且须接受较多的政府管制。智利、瑞典、丹麦等国也采取的是普遍教育券模式。

2. 特许学校和自由学校

扩大家长和学生的自由选择权,给予学校充分的自治权,将市场竞争引入教育,改善办学条件,提高教育投入产出效率,促进教育公平,是20世纪90年代以来西方国家教育改革的主要思路。除了教育券,体现这种思想的教育改革还有特许学校(charter school)或自由学校[②](free school)。特许学校(或自由学校)是一种特殊的公立学校,由政府出资,经营主体则是与政府签订合同的私人

107

---

① 1990年"密尔沃基市家长择校计划"不包括教会学校,1998年扩展到了教会学校。
② 公办民营的学校在美国称为特许学校(charter school),在欧洲称为自由学校(free school)。

机构或合伙人,即所谓的"公办民营"学校。特许学校与政府之间是一种契约关系,合同期间政府给学校提供经费,而学校必须无条件接收学生,且须完成合同规定的经营目标。特许学校兼具公立学校学费低和私立学校注重教育绩效的优点,一般不受教育行政法规的限制,便于开展各种教育创新实验。这种"公办名营"的学校类型,兴起于 20 世纪 90 年代,瑞典政府以财政拨款的方式鼓励和支持私人创办自由学校,而且允许自由学校参与教育券项目。1992 年美国明尼苏达州成立了第一所特许学校,到目前美国已有 5 000 多所特许学校。其间,美国政府对特许学校的管制从紧到松,起初许多州对特许学校都有数量限制,在奥巴马政府的推动下,美国联邦政府宣布解除对特许学校的数量限制,特许学校得到了迅速发展,数量不断增多。其中最受关注的是 KIPP[①] 特许学校。KIPP 的理念是"每一个学生都能够且愿意学习;无论什么背景的学生,都应该让他们获得成功所需要的知识、技能和品格"。KIPP 特许学校的学生 80% 来自低收入阶层。2015 年的数据显示,有 45% 的 KIPP 学校毕业的学生取得了四年制大学的学位,这一比例高于全国平均水平(约 34%),更是大大高于来自低收入社区学生的平均水平(大约 9%)。KIPP 特许学校创造的教育奇迹,引起了世界各国的关注。近年来,英国也开始鼓励开办自由学校,探索通过私有化、市场化的教育改革来促进教育公平和效率的道路。

3. 教育政策背后的理论

1998 年,美国的两位经济学教授埃普尔(Epple)和罗曼诺(Romano)在《美国经济评论》发表了一篇名为"公立学校和私立学校之间的竞争:教育券和同伴效应"的文章,开创性地运用市场均衡理论来分析教育过程和教育政策。他们建立了一个关于教育的市场模型,关注公立学校和私立学校之间的竞争互动,考察了教育券对市场均衡的影响,巧妙地刻画了教育过程中基于学生个人能力和家庭收入的同伴效应,以及取决于同伴平均能力的学校质量。他们的研究表明,对优秀同伴的需求将使高收入家庭的学生对能力强的学生产生交叉补贴。学校之间的差异和规模经济使得每种类型的学生之间无法充分竞争。私立学

---

① KIPP 是 The Knowledge is Power Program 的英文缩写,译为"知识就是力量项目"。KIPP 是一个非营利性网络,包括了 200 多家大学预科、公立特许学校(其中有学前教育、小学、初中和高中)。

校通过提供奖学金或减免学费的方式来吸引能力强的学生,但对成绩差、家庭收入高的学生则实行价格歧视。通过价格歧视,私立学校把同伴之间产生的外部性内部化了。因为公立学校是免费的,无法为同伴效应定价,因此含有公立学校的均衡是帕累托非有效的。基于上述模型,他们所预测的均衡结果是这样的:学校形成按质量分级的局面,公立学校同学群体的平均能力水平最低,所有的私立学校同学群体的平均能力水平都高于公立学校。

在理论模型的基础上,埃普尔(Epple)和罗曼诺(Romano)用数值计算的方法来模拟和预测教育券对市场均衡的影响。当教育券的价值为零,公立学校学生占比约为90%,随着教育券价值的增加,私立学校的学生比例上升,公立学校的规模和学生群体平均能力水平也随之降低。私立学校与公立学校之间构成竞争,教育券则使得教育的竞争变得更有效,从而提高了社会平均福利水平。总体福利效应的大小取决于教育生产函数中学生个人能力与同伴能力之间的互补程度,即同伴效应的大小。相比于福利效应,教育券的分配效应更为明显——教育券提高了私立学校学生个人能力的溢价,特别是那些家庭收入低、个人能力强的学生,从教育券获得的收益最大。尽管作了一些与现实情况有距离的假设(例如,假设公立学校与私立学校都是采用开放式入学制度,对入学成绩和学区没有要求,而且教学质量是一样的),但这个模型为研究教育政策提供了一个规范的一般性理论框架和实证分析的方向。以这个模型为基础,我们可以结合中国的具体情况,探讨我国在促进义务教育均衡发展过程中所采取的各项政策是否具有福利效应和分配效应。

4. 我国的义务教育政策及其效应

目前,我国义务教育阶段的政策是公立学校就近入学,质量高的民办学校基于学生能力、家庭收入和社会背景筛选学生,质量低的民办学校以吸收进城务工随迁子女和其他弱势群体的子女为主。与美国的义务教育相比,中国的教育市场显然要复杂一些,既有 Epple & Romano(1995)提到的学区限制(neighborhood system),也存在公立学校里根据学习成绩和学生能力分班的制度,还有美国所没有的按户籍区分的本地学生和外地学生。除此以外,我国对开办学校有着严格的准入制度,公办学校和民办学校所面临的制度约束是不同的,前者比后者拥有更多的公共资源和优先选择权。此外,我国的高考制度与美国不同,绝大多数学生只能通过高考来决定上什么学校,因此选拔竞争程度更激烈。高考的竞争压力自上而下地传导到义务教育阶段,从而加剧中小学的学校之间和社会群体之间的群分效应。

我国推进义务教育均等化的政策主要分为两类:供给侧政策和需求侧政策。供给侧的政策主要包括:(1)引进民办学校增加学校供给;(2)教师跨校交流轮岗;(3)多校划片、集团化管理、建立学校联盟、委托管理和与名校合作办学;(4)增加财政投入,实行生均拨款制度,扩大学位供给;(5)通过中央或地方的财政转移支付,对吸收弱势群体子女的地区或学校采取倾斜或奖励政策。供给侧政策主要依靠政府的行政力量或放松教育市场管制来达到增加供给、均衡资源配置的目的。自2006年全国人大常委会新修订的《义务教育法》以法律形式规定了"促进义务教育均衡发展"的目标以来,供给侧的教育均等化政策在各地的实施取得了很大成效,2016年实现了义务教育的全面普及,小学净入学率99.9%,初中毛入学率为104%,而且保证了进城务工子女在流入地享有与本地居民子女同等的接受义务教育的机会。

我国针对需求侧的教育政策包括:(1)针对低收入或农村学生发放教育券,资助其跨地区择校;(2)给贫困家庭学生发放助学补贴。教育券的核心理念是通过增加家长和学校的自由选择,将竞争机制引入教育领域,促进不同类型学校之间的竞争,借助市场之手来解决教育的公平和效率问题。目前,教育券在我国还处于探索和试点阶段,一些省份和地区尝试通过教育券来解决进城务工随迁子女义务教育经费保障问题,推行"钱随人走"的基础教育经费改革(金雅清、查道林,2013)。由于我国地区之间的经济发展水平差距较大,外来人口聚集的流入地政府财政压力剧增,基于教育券的随迁子女义务教育经费流动所涉及的地方政府经费分担、中央财政专款补助需要详细、科学的数据支持和统筹安排,因此教育券在我国的广泛实践还需时日。此外,我国义务教育当前还处在从数量均衡向质量均衡的发展阶段,现阶段的教育政策的主要目标是解决农村、贫困地区以及弱势群体上学难、教育机会不公平的问题,因此,我国还尚未启动像美国、意大利等国家那样旨在增加公立学校和民办学校之间竞争的教育券计划。

目前我国还存在教育资源配置严重不均衡的问题,各地区、学校和群体之间的教育质量差异较大,择校现象非常普遍,尤其是在人口较多的大中型城市,"学区房"问题日益突出。长期以来我国偏重于供给侧的教育政策,忽视公共政策与居民需求的匹配(丁菊红、邓可斌,2008)。仅从供给侧来制定政策,可能会造成教育资源的浪费,而且资源配置的成本很高,其中包括大量的寻租成本、信息成本和执行成本,实现教育公平的效率很低。要提高效率,一方面要合理分配政府和市场在资源配置中的作用,将竞争引入教育领域,遵循教育市场的基本规律,解决市场各方的激励问题;另一方面必须重视自下而上的需求,考虑居民对教育的不同偏好,结合居民的收入情况,制定相应的教育政策。

二、一个简单的身份认同和同伴效应的行为实验

我们设计了一系列的行为决策实验,以博弈论方法为基础,以南通一所小学里的 24 名城市户籍和非城市户籍的小学生为实验对象,通过这两个身份群体在行为博弈中的策略行动和表现,理解身份认同如何与同伴效应相互作用,对群体内个体的行为或心理产生影响。

有别于以前的行为实验,该实验具有以下几个特点:第一,根据户籍所在地区划分中小学生的身份群体,考察农民工子女身份群体与城市家庭子女身份群体之间的行为反应;第二,控制实验群体构成变化。我们的研究通过随机变化实验小组构成来研究身份如何作用于同伴效应。实验对象可能通过自我选择而进入某个同伴群体,控制身份的变化可以消除身份与不可观测变量之间的潜在相关性;第三,考察影响同伴效应的其他心理因素。

参与实验的学生一共有两个实验任务:第一项实验任务是根据希腊字母对照表,进行编码工作,在限定时间内正确完成的编码越多,成绩越高;第二项实验任务是计算一些数字的位数和,在限定时间内正确完成的位数和计算越多,成绩越高。在这两项实验中,我们都安排了单独完成任务和与同伴一起完成任务(获知同伴成绩信息)两个阶段。

(一) 计量模型的设定和变量说明

根据同伴效应产生的原因和影响因素,我们选取实验对象在有同伴情况下

的成绩为被解释变量,与其他两位同伴的成绩差距(在单独实验情况下)、个人能力、户籍身份、家庭收入状况以及个性特征为解释变量,建立了如下计量模型:

$$Peerscore = \alpha_0 + \alpha_1 D_1 + \alpha_2 D_1 + \alpha_3 PM + \alpha_4 Gen +$$
$$\alpha_5 IncMG + \alpha_6 MG + \alpha_7 PN + \varepsilon$$

上述模型中,变量说明如下:

Peerscore:在有同伴的情况下,实验对象在任务中所取得的成绩。

D_1、D_2:分别表示与同伴 1 和同伴 2 在单独完成任务情况下的成绩差距。

PM:用上学期期末考试语文、数学总成绩作为个人能力的代理变量。

Gen:性别虚拟变量,1 表示男生,0 表示女生。

MG:虚拟变量,表示户籍身份状态,1 表示外来工子女,0 表示本地居民子女。

IncMG:户籍身份与家庭收入状况的交叉项,用于反映家庭贫困的外来工子女对实验成绩的影响。

PN:类别变量,表示实验对象的性格外向程度,共分 5 个层次,分值为 5 时表示性格外向,分值为 1 时表示性格内向。

(二)回归结果及实证分析

表 6-1 的回归结果显示了,与同伴的成绩差距越大,实验对象与同伴一起编码获得的成绩越高,与成绩较好的同伴(peer1)成绩差距越大,同伴效应表现得越为显著,显示了很强的比较效应;个人能力 PM 与实验成绩的相关性为正,但不显著;实验对象的户籍状态与成绩的相关性不显著,但与收入和户籍(外地)的交叉项的相关性为负,表明如果学生是较贫困的外地人,则该学生在实验中所获得的平均成绩较低。这个结果表明,学生所在家庭的户籍本身对实验成绩的影响不显著,但来自贫困的非本地户籍家庭对学生将产生显著的负向影响。性格特征的变量与成绩之间的相关性是显著的正向关系,表明在其他条件不变的情况下,性格越外向,越容易获得较好的成绩。

表6-1 身份认同与同伴效应的计量回归结果(任务一)

变量	(1)	(2)	(3)
D_1	1.027 * * *		1.083 * * *
	(0.224)		(0.361)
D_2		0.705 * *	−0.067
		(0.260)	(0.336)
PM	0.014 3	0.012 4	0.014 1
	(0.011 9)	(0.014 8)	(0.012 2)
IncMG	−6.030 * * *	−5.183 *	−6.013 * *
	(2.056)	(2.546)	(2.118)
Gen	0.048 1	−0.037 0	0.090 7
	(1.071)	(1.361)	(1.123)
PN	0.815 * *	0.390	0.846 * *
	(0.321)	(0.401)	(0.364)
MG	2.193	1.158	2.256
	(1.347)	(1.665)	(1.421)
Constant	5.551 *	6.647 *	5.503 *
	(2.648)	(3.286)	(2.737)
Observations	24	24	24
R-squared	0.628	0.420	0.629

注:括号中为标准差;* * * $p<0.01$,* * $p<0.05$,* $p<0.1$。

表6 2 身份认同与同伴效应的计量回归结果(任务二)

变量	(1)	(2)	(3)
D_1	0.321 0		−0.000 7
	(0.247 0)		(0.317 0)
D_2		0.446 *	0.447
		(0.212)	(0.291)
PM	0.001 3	0.011 5	0.011 5
	(0.023 7)	(0.022 4)	(0.023 7)
IncMG	−1.363	−0.616	−0.615
	(4.017)	(3.749)	(3.895)
Gen	1.652	2.421	2.423
	(2.258)	(1.990)	(2.229)

续表

变量	(1)	(2)	(3)
PN	0.058 8	0.008 0	0.008 3
	(0.665)	(0.612)	(0.640)
MG	−0.879	−1.813	−1.813
	(2.750)	(2.633)	(2.715)
Constant	18.52 ***	16.16 ***	16.16 **
	(5.723)	(4.956)	(5.716)
Observations	24	24	24
R-squared	0.182	0.287	0.287

注:括号中为标准差;$***p<0.01$,$**p<0.05$,$*p<0.1$

在表 6-2 中,回归结果与表 6-1 的结果基本一致,略有不同的是,在任务二中,实验对象与同学一起合作的成绩与单独成绩表现较差同伴的成绩差距的相关性不显著,但与成绩较好的同伴(peer2)的成绩差距呈现显著的正向相关性;实验对象的成绩与户籍状态的相关性为负但不显著,表明外地学生的实验成绩平均来看要低于本地学生。这一结果与任务一结果的差异,可能是由于位数和的计算与学生的数学计算能力有关,回归方程存在很强的内生性,因此可能会产生估计偏误问题,但不影响整个计量回归的一般性结论①。

总之,从上述回归分析可以看出,同伴效应对学生成绩存在着显著影响,成绩好的同伴对于学生成绩的影响更大,在控制了户籍、家庭收入以及学生个人能力、性格特征等因素之后,这一结果依然稳健。此外,结果显示户籍状态本身对学生成绩没有显著影响,但户籍和收入的叠加影响是显著的。这一结果提示我们,收入差距比户籍本身对教育结果的影响更大(当然,户口对家庭收入是有影响的)。在教育过程中,应该充分考虑同伴之间的学习效应和比较效应,通过教育政策引导教育资源合理配置,不但要让随迁子女能够享有与城市居民子女平等的接受义务教育的机会,并且要充分利用同伴效应的社会乘数效应,解决教育机会平等之后的教育过程不平等的问题。

---

① 应该特别指出的是,由于行为实验的操作难度较大,本研究只获得了 24 个样本,但 $n \geqslant (k+1)$,满足了模型估计的样本容量要求。

总　结

　　同伴效应的存在,意味着人从教育所获得的收益,不仅来自在课堂学习过程中从老师那里直接获取知识或者间接的知识溢出,还可以在与同伴的互动中产生。因此,自古以来人们都非常重视群体和环境对子女教育的影响,"孟母三迁"说的就是这个道理。正如前文的理论和实证研究所证明的那样,同伴群体的构成会影响学校的教学组织和分班,进而影响整个学校的教学效率。基于同伴效应的研究对于科学设计教育政策,合理安排中小学的学区和班级,引导学校之间进行良性竞争,对于促进义务教育的均衡发展具有重要意义。

　　目前,我国义务教育阶段存在着择校压力大、学生课业压力重以及社会群分(sorting)趋势日益明显等问题,其背后的原因较为复杂:既有历史原因造成的教育资源分配不均的问题,也有随着教育改革的推进很多制度安排不合理、政策不配套的缘故。这些不合理和不配套,主要与我国长期以来习惯于通过政府行政命令来引导教育资源配置有关。显然,这种完全自上而下的资源配置方式已经不能满足经济社会快速发展的需要和民众对教育的多样性需求。

　　从身份认同和同伴效应的视角,用经济学一般均衡理论框架来重新审视这些问题,可以帮助我们把其中的逻辑理清,深入理解经济转型、社会结构变化对教育发展的重要影响。首先,经过三十多年的改革开放,中国原有的社会结构已经被打破,整个社会逐渐按照收入和财富水平分层,教育作为影响收入最重要的因素之一,被赋予了促进缩小收入差距、社会阶层流动的重要"使命"。然而,由于收入差距的存在,教育资源分布存在着天然不平等的倾向,教育过程中的同伴效应又会通过群分加剧教育不平等,从而进一步固化社会阶层,影响社会的稳定、和谐发展。因此,我国积极推进义务教育的均衡发展的各项政策,保障基础教育的公平,是关系国家长远发展的大事。

　　其次,中国户籍制度造成了城乡的社会分割,继而是城市内部的分割,造成了基于身份认同的群分效应。制度性歧视人为造成了农村户籍的外地人与城市户籍居民之间的差别,极大影响了教育的公平。随着我国义务教育均等化各项相关法律和政策的实施,农民工随迁子女在获得义务教育机会方面得到了极

115

大改善,但是在教育过程和教育结果上仍然与城市居民子女有着较大差距。按照同伴效应理论,人与人之间的互动会对个体的生产力有所影响,而且这种可能会在群体层面上放大,产生社会乘数效应。因此,随着群体之间的空间隔离和同伴效应的产生,城乡居民之间的教育不平等差距还会持续加大。因此,彻底取消户籍制度是我国最终实现教育公平和均衡的重要一步。

总之,我国要坚定不移地推进义务教育的均衡发展,充分考虑居民教育需求的多样性和实际收入差距,从数量均衡稳步迈向质量均衡。

第五章　互联网教育与教育公平

有教无类。

——孔子

基于计算机的学习为创造公平竞争环境创造了一个极好的机会。

——萨尔曼·可汗

一、"互联网＋"对教育的影响

21世纪以来,互联网在人们生活中的重要性日益突出,吃穿住行各个方面互联网的影子无处不在,对各个行业领域产生的影响是革命性的,而且这些影响的强劲势头还将持续。根据中国互联网络中心发布的报告,截至2016年6月,我国网民规模达7.10亿,互联网普及率达到51.7%,超过全球平均水平3.1个百分点,超过亚洲平均水平8.1个百分点。

互联网最本质的特征是自下而上、分享、互动,人们能够借助技术手段最大程度地解决由于各种原因导致的信息不对称的问题。随着互联网在各个行业的渗透,"互联网＋"的概念产生了。具体地说,"互联网＋"是指以互联网技术在经济社会各个领域的扩散与应用,通过云计算、大数据等配套技术手段,促进行业之间的融合和创新。2015年7月,国务院颁布了《关于积极推进"互联网＋"行动的指导意见》(以下简称《指导意见》),指出"互联网＋"是把互联网的创新成果与经济社会各领域深度融合,推动技术进步、效率提升和组织变革,提升实体经济创新力和生产力,形成更广泛的以互联网为基础设施和创新要素的经济社会发展新形态"。《指导意见》的出台,意味着从政府层面推动的互联网基础设施建设将获得进一步完善。毫无疑问，以互联网为基础设施和实现手段的经济和社会新形态正在逐渐形成。

由于知识具有很强的外部性，使得教育成为互联网技术影响最早且最为深刻的行业领域之一。互联网与教育的深度融合，可以优化教育资源的配置，突破时空限制，促进教育公平，催生注重个性和多样性的教学模式，提高评价学习效果的效率和有效性，构建以培养学生创新思维和创造力为主要目标的知识体系，促进人类社会的和谐持续发展。

正如前文所述，我国的义务教育普及率已经很高，基本实现了全民覆盖，但教育资源在地区之间、城乡之前、学校之间以及人群之间的分配不均衡很难在现有的体制和制度下得以改观——在其他条件不变的情况下，经济活动的集聚效应、市场规模效应以及基本公共服务的外部性，使得教育资源的传递、共享成本很高。借助互联网技术，与互联网深度融合，解决义务教育资源不均衡的难题指日可待。

那么，为何"互联网＋教育"①能做到这一点呢？下面将从互联网教育本身的特点出发，结合中国义务教育资源分布的情况，分析解决教育资源不均衡问题的途径。

（一）互联网教育的特点

1. 互联网教育的颠覆性

互联网教育的特点可以用一句话来总结，那就是"教育可以发生在任何地方和任何时间的任何人身上"，这句话出自可汗学院（Kahn Academy）创始人萨尔曼·可汗，这句话体现了互联网所具有的共享、互动、低成本的特点。互联网本身是一张将世界每个角落连接起来的巨大的网络，但互联网教育并不是简单地将知识放在这张网上来传递。与互联网共生发展的是日新月异的数字技术，如云计算、大数据、人工智能等技术，正是这些技术让互联网不但能够实现实时响应、高速超链接的功能，而且能够将知识从产生、传递、分享到创造生产力的过程变得高效、便捷。

---

① 本书提及的互联网教育指的就是"互联网＋教育"。

用经济学来理解这一过程，就是一个以接近于零的成本让市场或社会的每一次交换行为发生，极大消除了信息不对称。在一个交易成本几乎为零、信息接近完全、充分的理想化市场模型中，市场规模决定了分工的程度。在现实生活中，市场规模受到了地理、政治地域和诸多社会因素的限制，但是，在互联网上，市场规模可以突破这些限制，实现最大限度的规模经济。这样"史无前例"的规模经济，将会极大促进社会分工，分工引致深度的专业化，从而加速了知识扩散、创新的过程。

早在20世纪60年代，就有人预见到了这一趋势。1965年，英特尔联合创始人戈登·摩尔（Gordon Moore）预测，计算机芯片的处理能力每两年就会翻一番，被称为摩尔定律。尽管这一定律不是一个自然法则，但在过去50年仍然非常有效地预测了信息技术发展和数字电子产品更新换代的速度。根据摩尔定律，个人计算机与互联网技术的结合，使成本大幅下降、生产效率得以提高，信息分享也变得容易和广泛，这也是美国著名的技术发明家道格拉斯·恩格尔巴特曾经的预言。事实证明，这一预言不但成为现实，而且还大大超过人们的想象。互联网技术与教育资源的结合，在全球范围内催生了大量的在线教育形态，在参与度、互动性和普遍性方面，达到了前所未有的高度。以慕课（MOOC，大规模在线开放课程）为代表的互联网教育平台正在以汹涌之势，冲击着传统教育模式，颠覆着教育的"精英化""权威化""集中化"等理念，对实现区域之间、学校之间、人群之间的教育公平起到了极大的促进作用。毫不夸张地说，这一次的互联网教育浪潮对传统教育的影响是革命性的，不亚于工业革命对人类社会的影响，而且这种影响才刚刚开始。

互联网教育的颠覆性主要体现在三个方面：

一是教育机会的均等化。教育资源可以通过互联网实现全球共享、均衡分布，优质的师资和课程可以借助网络和数字技术以很低的成本惠及偏远地区的弱势群体，解决教育公平的世界性难题。教育公平这一难题的症结在于教育资源无法实现完全均衡。教育资源中最昂贵的是师资，其次才是物质上的资源，而师资的流动又受到地域范围、制度约束和经济成本的影响，难以实现均衡发展。互联网教育正是从根本上解决了优秀师资集中于优势国家、地区和特定群体的问题，极大消除了由于社会地位、贫富差距和地域限制造成的教育资源垄断或匮乏的现象。

二是教育过程的差异化、个性化和定制化。互联网教育与传统教育模式的集中化、标准化和统一化有着本质的不同,可以实现真正意义上的因材施教。运用互联网技术和大数据处理,教育机构或老师可以根据学生个性特点、差异化需求和个人学习进度,为其制定相应的课程学习和考试计划。如果没有互联网和数据技术,实现个性化需求将非常昂贵,而且也难以做到对学生学习情况的高效跟踪和反馈。这里的效率指的是根据学生的性格和兴趣特点,有针对性地帮助学生设计学习路线,解决学习过程的疑问和难点。

三是教育结果的均等化。教育质量是教育成果的直接体现。在传统的教育模式下,即使有了教育机会的平等和教育过程的投入,也很难保证教育质量的均等化。在互联网教育的蓝图中,教育质量的均等化有可能成为现实。借助技术,教育可以随时随地发生,知识和技能可以一遍一遍重复学习直至掌握,在尊重个性发展的前提下,良好的教育结果是水到渠成的。未来的教育必将经历一个逐步回归教育本质、注重人的个性发展和创造力的过程。如果将互联网教育的"教"与线下互动的"育"结合起来,所有人都可以利用互联网教育平台获得知识,而通过个性化的线下活动获得体验和创造力。教育质量将不再单纯通过一次性的考试加以衡量,而是越来越依赖于实际生活中对知识的运用和创新来体现,实现所谓"各尽其长,各得其所"的教育理想境界。

2. 线上教育和互联网教育

线上教育的概念并不新鲜,早在互联网诞生的初期就已经出现了。那时候人们仅仅是把课堂学校内容和书本知识的传播途径换成了网络。互联网教育比线上教育的概念更强调教育效率本身,而不是仅仅反映传播媒介的变化。

互联网教育的未来不是简单地将线下课程放到网上,沦为"广播电视大学"的升级版,而是能够真正解决线下教育的问题,同时又不失去线下教育的优点,实现教育公平。线下教育的优点是师生互动,有情感交流,教师可以实时响应学生的需求。在个性发展、兴趣激发、情商培养、规则秩序意识建立等方面,面对面的线下教育显然有着不可替代的优势。但是,在传统的大课堂里,这些优势是很难发挥出来的,尤其是我国的义务教育阶段,中小学的优质教育资源过分集中在某些地区和学校。试想，在一个超过 40 人的班级，老师所能做的就是如何让学生们整齐划一地听从指挥，很难有时间和精力去针对每个学生的特点制定个性化的教育方案。

那么，什么样的互联网教育能够解决"教"和"育"的问题呢？MOOC 是目前被证明最有效的互联网教育形式。MOOC 译为"慕课"，是大规模在线开放课程的英文缩写（Mass Online Open Course）。慕课有四个方面的特点：一是大规模。由优秀师资讲授并经过科学设计的课程数量多，足以满足学生多样化的需求。每门课程同时可以容纳全球数以万计的学生，几乎没有课堂规模限制。二是开放性。课程对所有人开放，不设任何门槛，高中生可以选修大学的课程，也可以从零开始学一门小学课程。成年人可以和孩子一起上同一门课程。参加慕课学习的同学，可以在讨论平台上成立学习小组，探讨作业及其他学习话题，形成知识碰撞、思想交流的群体。在慕课平台上，可以真正实现"有教无类"。三是在线，指的是上课的时间、地点和学习进度完全由学生自己来决定，不受时空限制。通过线上客观、自动化的测评系统，学生可以及时得到知识掌握情况的反馈，后台的数据分析能够帮助学生了解知识薄弱点，学生通过反复听课、强化练习直至完全掌握这一知识点。与一般的在线教育不同，慕课形式的互联网教育不是单向的传授知识过程，而是具有互动性、智能化的知识交流网络。四是免费。目前以慕课形式出现的互联网教育平台大多数提供的都是免费课程，即使是收费课程，其费用也很低。免费契合了互联网内容产品复制成本低、外部性强的特点，在免费策略下，教育理念和内容很容易在短时间内迅速传播，形成极强的网络规模效应。正如清华大学教授袁驷所说，"早期的线上课程是书本搬家，把书本搬到网上，把教材在网上一一展示，没有互动。而 MOOC 是课程搬家，把课堂搬到网上。这就意味着一系列的课堂教学活动要在网上实现，这在过去是没有的。"

121

例如，美国可汗学院倡导"让地球上的任何人都能随时随地地享受世界一流的免费教育"。可汗学院的创始人萨尔曼·可汗是一位孟加拉裔的美国人，他一开始是在自己的衣帽间里利用业余时间录制教学视频，放在网络上免费供学生观看学习，后来他干脆辞去华尔街基金经理的职务，专职于互联网教育事业的发展。自成立以来，课程迅速在全球传播开来，非常受学生、家长以及教育工作者的欢迎。可汗学院每个月的学生数量达到 600 万，年增长速度达到 400%，教学视频的点击量超过 1.4 亿次。可汗学院提供的课程涵盖了数学、物理、历史、经济等各个学科的知识，随着需求的扩大，他们的课程数量还在持续增加中。可汗学院的课程秉承的是"精熟教育法"的理念，通过将生动和富有逻辑的教育内容与信息技术、数据分析相结合，提出翻转课堂的教学方式，为学生们创造一个能充分调动积极性和激发学习兴趣的环境，让教育变得更有效、个性化和公平化。萨尔曼·可汗提出可汗学院的愿景是"能够成为教育改革领域的先驱"。事实证明，可汗学院的教育探索取得了很大的社会反响，不但获得了比尔·盖茨等行业领袖的捐款，而且在全球掀起了一场慕课热潮，使越来越多的人受益于互联网教育。

在美国，主要给大学生提供课程内容的三大慕课教育平台，分别是 Udacity、Cousera 和 edX。Udacity 起源于美国斯坦福大学，刚成立时主要提供计算机科学和数学领域的课程，现在扩展到了物理学、统计学、心理学等领域，但重点还是科学、技术、工程和数学课程。Udacity 注重学生的参与性，教授讲主题，学生问问题，课程设计得像游戏一样，体现了"翻转课堂"的理念。Coursera 是由斯坦福大学的两名计算机科学系的教授创办、与其他知名大学联盟合作推出的免费在线课程，课程涵盖的学科领域较广泛，包括了人文社科类的课程。Coursera 平台在促进学生的自学学习、师生和学生之间的互动和评分方面富有特点。edX 是由麻省理工学院（MIT）和哈佛大学联合推出的，也是采取与其他大学联盟的方式，为全世界的学生提供免费课程。edX 的教育模式特点是注重线上和线下的结合，通过线上课程提高线下学习效率。美国除了这三大慕课平台之外，还有 Standford Online、NovoEd 等慕课平台。

我国的慕课平台虽然起步比美国晚，但发展很快。其中比较有影响力的有：清华大学联合其他大学创立的"学堂在线"，教育部、财政部联合各个大学成立的"爱课程"网，由网易与高教社"爱课程网"合作推出的"中国大学 MOOC（慕课）"，人大附中发起创立的"中小学教育联盟网"。随着慕课在全球的流行，世界其他国家如英国、德国、澳大利亚、日本、法国等也先后推出了自己的慕课平台，虽然没有美国三大慕课平台那么有影响力，但对本国的互联网教育的发展也产生了积极的推动作用。

3. 我国互联网教育的状况

几千年来，多少仁人志士为有教无类、因材施教的教育理想而努力，却都因客观存在无法逾越的困难而止步。互联网教育为这一难题提供了有效的解决路径。

就内容而言，目前互联网教育覆盖了各个阶段的教育内容，从学前教育、义务教育、高中和职高到大学教育，各类在线课程极其丰富。但就义务教育阶段来看，线上课程内容涵盖了学校里的大部分课程，如语文、数学、英语、科学、美术、音乐等。在这些课程里，语数外的课程从师资、课程体系和内容、教学方式和成绩评估等各方面都较为成熟，特别是几个大的教育平台，已经具备了慕课的很多特点，但还不是真正意义上的慕课，无论从规模、共享性、开放性和普及性方面，都与慕课有一定的差距。例如，一些民间机构和企业创办的在线网络课程，如沪江网、万门大学、学而思、酷学网、简单学习网等，他们提供的在线网络课程大多是收费的，共享性、开放性不强，而且主要是以课外辅导为主，不能完全替代学校内的课堂学习。

如果用商业模式来划分目前提供在线课程内容和教学服务的互联网教育公司或组织，大致可以分为两类：一类是盈利性的互联网教育平台，另一类是非盈利性的互联网教育平台。非盈利性的互联网教育平台提供完全免费的课程内容和体系，如美国可汗学院，我国的"中小学教育联盟"和"国家教育资源公共服务平台"等。盈利性互联网教育平台一般有三种收费模式，第一种收费模式是提供部分免费课程、部分收费课程，例如 edX 的在线课程为免费，若同时参加在线和线下课程，则需要交费；第二种是课程内容本身免费，但需要获得证书或学分的则收费；第三种是提供体验性试听课程，但完整课程内容则是收费的。在我国，针对义务教育阶段的在线课程内容大多数属于这种情况，如沪江网、学而思网校、简单学习网等。

随着移动互联网的普及，利用手机应用软件开发的微课程也迅速蓬勃发展起来。微课程的特点是便捷、易操作、分享快速，在手机上听微课，比电脑更不受时间和地点的限制。目前，基于腾讯公司开发的微信平台所开展的微课程已经渗透到了各个行业和不同层次的人群。一些互联网教育公司针对中小学生的微课程无论是在理念和课程内容设计方面，与校内课程都存在明显差异，弥补了校内课程在通识教育、视野拓展、思维训练、个性化需求方面的不足。

(二) 互联网教育使义务教育均等化成为可能

从我国目前的教育阶段来看,主要分为学前教育、义务教育、高中教育和高等教育四个阶段。就我国教育现状存在的主要问题而言,互联网教育影响最大的应该是义务教育阶段。义务教育在我国虽然已经基本实现普及化,但教育不均衡的问题尤其突出。在应试教育持续加压的背景下,为争夺优质教育资源而展开的疯狂择校、"学区房"疯涨的现象有增无减。义务教育阶段的教育均衡问题如果得不到很好的解决,向下会影响到学前教育阶段幼儿身心智力的正常发展——很多家长为了争夺优质小学的入学机会,让幼儿参加各种学习班,超前学习本属于小学阶段的知识和技能;向后会影响到高一级阶段的教育公平和教育质量,弱势家庭的孩子被隔离在优质教育资源之外,难以通过教育改变命运,"寒门难出贵子"的可能性会越来越大。教育资源垄断加上学生之间的过分竞争,义务教育阶段将会强化精英教育的理念,背离大众教育的本质,加剧社会的不平等。因此,解决好义务教育阶段的教育不均衡问题,是影响我国社会和经济发展的大事。

教育不均衡,主要是教育资源分配的不均衡。义务教育在我国虽然已经普及覆盖到了 99% 的适龄入学儿童,但义务教育不均衡的问题一直是个难题。基础教育资源分配不均衡,一方面是历史原因和制度使然,中央集权下的政治资源和经济资源集中在某些地区和城市,导致教育资源也呈现出相应不均衡的空间分配格局;另一方面,由于优质教育资源的稀缺和资源配置成本昂贵,地区内部校际之间、群体之间的教育不均衡现象长期存在,在升学竞争、应试教育的影响下这一问题表现得更为突出。在促进义务教育均等化的战略思想指导下,近年来我国一直致力于通过增加优质师资的流动性、名校资源的共享性以及出台进城务工子女就地入学办法等措施,来促进地区间、学校间和群体间基础教育的均衡发展。然而,从总体上看,优质教育资源匮乏和分配不均的状况并没有得到根本改善。在转移成本、共享成本极高的情况下,无论是教育人力资本还是物质资本,都只能形成自我累积效应,无法跨域时空限制。

互联网教育使得这一问题的解决成为可能。如前所述,互联网技术的广泛运用,网络基础设施的普及和完善,使得知识的分享和传播变得容易、快捷。从目前我国互联网教育发展的情况来看,共享资源最丰富、发展最快的是高等教育阶段的互联网教育,大学生可以非常方便地从网上获取大量的免费、高质量的慕课资源,而义务教育阶段的慕课资源则较少,很多地方的教师和当地教育主管部门甚至都没有听说过慕课。即使在北京、上海等教育发达地区,义务教育阶段的在线课程也大多数被看做一种课外辅导班,与美国公立小学、中学引进慕课入正规课堂,探索"翻转课堂"教学新方法、提高教育质量的做法还有相当大的差距。其中存在的问题及其原因主要表现在以下几个方面:

第一,在接入互联网、配备多媒体设备等信息化基础设施方面,各个地区和省份以及学校之间的发展不均衡,特别是农村和偏远地区中小学的网络基础设施建设和电脑设备拥有率水平低。这与当地教育主管部门对互联网教育的认识不足和教育政策的导向有关,也与经济条件和财政投入有关。

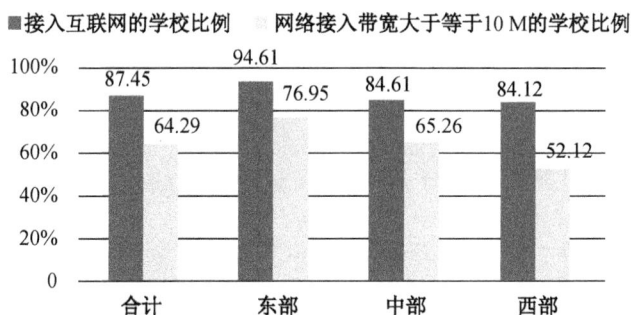

图 5-1　2016 年东中西部地区接入互联网的中小学比例情况

数据来源:http://news.eduyun.cn/ns/njyxxhzixundongtai/20161101/28031.html

第二,很多公立学校的校园网络的开放性、联通性、共享性差,大量的资源是封闭的,人们无法自由查找、访问和获取这些资源,极大限制了优质资源的分享和传播。没有来自政府和相关主管部门的顶层制度设计,不同资源体系难以实现资源共享和共建。

第三,中小学互联网教育资源的可用性和系统性差,资源分散、低水平重复建设,缺乏资源整合能力强、课程系统性强的大规模慕课平台。目前,民营教育机构优质的中小学在线课程大多都是收费的,而且体系不完善,主要是补习和培优性质;由政府或非盈利性组织发起或成立的互联网教育平台提供的资源则

125

比较散乱，缺乏针对性系统性，没有统一的标准，也没有科学的规划，在系统维护、技术支持方面缺乏持续的资金支持。

第四，教育理念相对滞后。"互联网＋教育"的理念，还没有形成广泛的共识。很多人对于在线课程的认识还停留在课程数字化的阶段，对互联网教育所引起的教育变革缺乏深刻的认识。互联网教育已经发展到了智能化、精细化的阶段，不但可以从根本上解决义务教育阶段优质师资匮乏的问题，而且可以实现学生的个性化学习、自我学习和创造性学习。

第五，忽视民间组织对义务教育均衡发展的重要性。目前促进义务教育均等化的政策主要强调政府的作用，而且对公立学校与民间组织的合作有着很多限制，即使是公益性的合作，也受到很多干预。对于互联网教育这些新兴领域的变化，政府的反应是普遍滞后于市场的。如果政府不能放开民间组织在教育领域的进入，单靠政府亲力亲为的投入，是无法形成大规模慕课平台的。这是因为政府有着天然自带的委托代理问题，而且政府各部门之间还存在信息严重不对称问题，这对于互联网教育这个需要快速响应、密切配合的系统性变革来说是致命的。

（三）大力发展互联网教育，促进教育公平和传统教育变革

我国政府颁布的《国家中长期教育改革和发展规划纲要（2010—2020 年）》和《教育信息化十年发展规划（2011—2020 年）》，明确了教育信息化战略在我国教育改革和发展中的重要地位。教育信息化在实际工作的落实和推进过程中，还需要解决好以下几个方面的问题：

第一，政府做好顶层设计，各部门统筹协调推动互联网教育的基础设施和服务体系建设。教育领域的"互联网＋"有别于市场化程度高、竞争充分、政府干预少的其他行业，尤其是义务教育，义务教育涉及意识形态、公共财政、文化传承、道德规范等重要议题。我国义务教育阶段的中小学教育经费基本上是由政府来承担。2016 年，教育部宣布义务教育阶段实行学费全免。在世界所有国家，政府对教育始终起着主导作用。用经济学的术语来说，在一个主要由公共品构成的市场中，若要实现基础性资源和存量资源的重新配置，必须依靠政府之手。

为了实现教育信息化,通过互联网教育促进教育的均衡发展,政府首先要在战略上做好顶层设计,制定相应的系统决策、分工配合及综合协调机制,充分发挥政府的引导和基础性服务功能,促进分散在各个地区和学校的优质教育资源通过市场力量得以整合,同时统筹政府在教育信息化上的资金投入,向落后地区和学校倾斜,让互联网接入和电脑设备覆盖到尽可能多的地方和学生,有步骤地大规模推广电子书包,让每一个学生都能很方便地通过互联网获得知识和教育。

第二,鼓励和支持民间机构或组织建立主要为义务教育服务的互联网教育平台。由于委托代理问题和信息不对称,政府不可能成为互联网教育市场的"主角",必须要依靠民间的力量和智慧,自下而上地建立符合中国教育发展特点和规律的慕课平台。政府的角色应该定位在市场的培育者和服务者,给义务教育互联网教育平台以适当的引导资金和政策支持,同时营造一个良好的市场竞争环境和金融服务体系,为互联网教育的发展壮大提供持续的制度基础和资金来源。

第三,推动高质量义务教育慕课平台向薄弱地区和农村的推广和使用,通过政府转移支付或补贴等形式,帮助这些地区的学校建立与互联网教育配套的师资培训体系,建立与优质师资资源对话、沟通和共同教研的平台和机制。

第四,按照顶层设计的标准,鼓励优势公立学校建设自己的特色课程和校本资源库,通过政府设立的资源共享平台或与社会商业机构合作建立在线平台,向社会开放和共享,形成一个公开、透明的良性竞争氛围。

二、探索义务教育均衡发展之路

(一) 义务教育均等化的可行路径

教育政策是教育领域中的一些基本准则和政府决策,包括为实现阶段性教育目标、促进教育发展所制定的法律、法规和指导性文件。根据 OECD 对教育政策的定义,主要包括以下四个方面的内容和行动方向:一是教育结果的质量和教育机会;二是教育结果的平等和教育机会的公平;三是资源管理的充分性、有效性和效率;四是教育体系发展的动态适应性。从世界各国教育发展的经验来看,各国教育政策的目标基本是围绕这些问题渐次展开的。简单地说,教育政策的目标就是通过优化教育资源配置,促进教育均衡发展,实现教育机会的公平和教育结果的平等。

根据相关研究[1],对学前教育和基础教育阶段的公共投资的社会回报率是很高的,这也就是为什么很多国家把基础教育阶段规定为义务教育。义务教育是一个国家的基础教育,直接决定着国民基本素质和文化水平的高低,也是影响高一级教育质量和青年学生各方面发展能力的基础。为了让教育惠及最广泛的人群,世界上的大多数国家都对义务教育实行免费政策,从法律、政策、财政投入、社会支持等方面促进义务教育的均衡发展。下面我们分析美国、英国、芬兰、韩国、日本等国家在这方面的经验,结合我国义务教育的现状和存在的问题,探讨义务教育均等化的可行路径。

1. 义务教育的法律法规体系

将义务教育列入国家的基本法,体现国家意志,从法律上明确义务教育是政府必须提供的基本公共服务,是国家强制公民必须履行的义务,这是世界上各个国家的普遍做法。围绕着教育公平的目标和教育均等化的不同阶段,各个国家所采取的教育发展措施都在法律法规上有所体现,教育发达国家普遍具有完善的义务教育法律法规体系和执行监督机制,确保教育发展和改革所需要的经费和制度保障,并且使与法律配套的法规和细则具有可操作性。

2. 优质师资的培养和均衡配置

师资是教育资源的核心,要缩小地区、学校间的教育资源分配不均衡,很大程度上取决于师资的配置情况。从各国的经验来看,义务教育均衡发展有三个不可或缺的先决条件:一是整个社会保有尊师重教的氛围和传统,在经济收入和福利制度上确立和保障教师的社会地位;二是拥有大批具备良好职业素养和教学水平的教师;三是鼓励教师跨校和跨区域合理流动的制度。

3. 教育经费的投入比例和使用效率

从国家法律层面保障教育经费的来源,提高教育投入占 GDP 的比重,通过

---

① Bartik T J. Investing in kids:early childhood programs and local economic development[J]. Journal of Regional Science, 2011, 51(5):1014-1016.

公开教育预算的制定过程,增强投入的透明度,简化教育投入程序,提高资金投入的使用效率,避免重复建设和人为浪费。

4. 根据国情推进教育均等化政策,重视教育公平和均衡

有些国家采取完全由中央政府补贴的方式,有些国家采取分地区、分阶段逐步贯彻义务教育免费和平等的原则,教育投入向弱势群体和偏远地区倾斜,最终实现教育均衡发展。一般来说,各国都是根据经济发展水平制定义务教育年限和福利制度,从数量到质量、从局部地区到全国,在实现教育机会均等的基础上,转向以提高教育质量、发展优质的个性化教育为目标。

5. 信息化与教育的融合,与时俱进变革教育体系

在教育发达国家,教育理念、制度和政策具有很强的时代印记,充分反映了时代变革的要求。与此同时,信息技术和互联网技术也被越来越多地应用于教育,甚至与教育产生融合,衍生出新的教育生态。教育体系的开放性、灵活性和适应性被证明是推动教育进步的重要因素。

6. 重视参与教育过程的主体在义务教育均等化中的作用

学校中的学生、教师和教学管理者是推进教育公平的核心。本书用大量篇幅论证了教育参与主体间的互动关系对于教育目标的实现举足轻重。研究表明,作为推动教育改革者的教师和教学管理者,应该从人的本性出发,关注教育公平问题,探索因材施教的教学方法,创新教学模式和学习策略,对弱势或处境不利的学生加以补偿和扶助,为他们提供更多学业成功的机会。

(二) 世界各国促进义务教育均衡发展的经验

1. 美国的经验

经过数百年的不断积累,美国建立了较为完整的义务教育法律体系,经历了教育机会均等化、教育质量平等和效率改进,以及优质教育均等化三个不断发展和完善的阶段。

1965 年,美国国会通过《中小学教育法》,旨在通过联邦政府拨款和援助的形式,向弱势群体儿童提供平等义务教育的机会。1968 年,联邦政府颁布《双语教育法》,以竞争性拨款形式帮助非英语族裔的教育。20 世纪 90 年代以后,美国制定了包括《改革美国学校法》《学校到就业机会法》《2000 年目标:美国教育

法》等一系列重要的教育法律法规,再次明确了联邦政府在教育经费上的主要职责,将教育发展的目标从追求机会均等化转向了教育质量的平等。2002年,布什政府签署了《不让一个孩子掉队法》,针对美国解决了入学机会均等后地区、学校和群体间学业差距巨大的问题,试图通过加强政府的宏观调控,扩大州和地方的自由裁量权,实施考试标准化及教育奖惩问责制,提升教育管理效率,消除受教育对象在区域间、群体间的差距,实现高质量教育公平。在《不让一个孩子掉队法》的基础上,美国联邦政府进一步制定了强调教育机会均等、推进优质教育均衡发展的教育政策和规划,如《美国教育部 2002—2007 战略规划》《2009 美国复苏与再投资法》以及《改革蓝图:对〈初等与中等教育法〉的重新授权》。后面两部法案都是奥巴马政府针对《不让一个孩子掉队法》所存在的问题和现实情况提出的调整和改革措施,以进一步深化优质教育的均衡发展。目前,美国各州的义务教育年限从 9～12 年不等,有些州还提供学前一年的免费教育。美国通过完善法律法规体系、财政转移支付制度以及税收政策,明确各级政府的教育投入比例和经费来源,为促进教育公平和教育均衡发展提供制度和经济保障;采取经济补偿和文化补偿的方式对弱势群体儿童提供学业和精神上的支持,帮助他们成功完成学业任务;重视均等化教育与优质教育的平衡,给学生提供多样化的课程选择,注重学生的个性化发展和创新能力的培养。

2. 英国的经验

英国是世界上最早推行义务教育的国家之一。1870 年,英国政府颁布了《初等教育法》,规定对 5～12 岁的儿童实施强迫教育。1880 年,英国议会通过《蒙代拉法》(Mundella's Act),宣布对全国 5～10 岁的儿童实行义务教育,从法律层面上明确教育是所有公民的一项基本权利。在此之前,义务教育还没有实行免费,直至 1891 年,《免费教育法》(Free Education Act)的出台,标志着义务教育正式进入免费时代,法定义务教育年限为 12 年,但允许部分成本高的公立学校收取一定学费。之后,英国政府颁布《1918 年教育法》,实施了 14 岁以下儿童的义务教育。到了《1944 年教育法》,英国政府把义务教育的年限延长至 12 年,确立了初等教育和中等教育免费的原则,该法案与后续的一系列法案,规定当地公立学校在校生可免费享有包括免费牛奶、免费医疗服务和交通补助等多项福利内容,尤其对贫困儿童坚持了膳食免费的原则。撒切尔夫人执政之后,颁布了《1988 年教育改革法案》，强调教育投入的效率，削减了教育福利开支，义务教育阶段的在校生膳食转为由市场化企业提供。1998 年颁布了《人权法》和《学校标准和框架法》。2001 年以后，义务教育福利制度又开始全面恢复，各项规定更加精细化。这个时期的英国政府强调通过教育投入的再分配促进教育公平，采取专项拨款和补助金的方式为弱势群体和落后地区的儿童提供平等的教育机会和教育服务，提高他们的学业成就。2010 年颁布了《平等法案》，明确要求所有学校要根据此法案重新检视其所设立的政策和实践，规定任何学校①不得以身体残疾、变性、怀孕和生育、种族、宗教和信仰、性别、性倾向为由，在入学和相关教育提供和资源使用方面对学生区别对待。

总之，英国政府对义务教育的管理和控制体现在高度的福利化以及全国统一的考试和课程大纲，同时又主张学校自治，鼓励民间自主办学，允许家长自由择校，公立学校的学生在课程选择方面拥有很大的自由度。近年来，英国吸收美国等国家的教育改革经验，积极推行自由学校（free school）制度，进一步放松政府对教育的管制，试图借助市场力量来解决教育效率低下的问题。

3. 芬兰的经验

芬兰是一个福利型国家，其基础教育的目标是让优质教育惠及所有儿童。为了实现这一目标，芬兰从 20 世纪 40 年代中期开始了教育改革。芬兰的教育改革经历了教育机会均等化、综合学校改革、教育质量均衡发展这三个阶段。"二战"后的芬兰实行的是与不同职业等级对接的教育分流制度，造成了教育机会不平等和社会阶层分化。基于公平和教育机会均等化的思想，芬兰于 1968 年出台《基础教育改革法案》（Act on Basic Education Reform），废除了教育分流的双轨制，以综合学校的形式整合原来的文法学校和初等学校，将综合学校系统纳入公共财政，推行面向所有适龄儿童的九年制义务教育。20 世纪 90 年代以后，芬兰的教育改革向分权、自治、个性化和多样化的方向发展，废止了普通教育和职业教育之间转换的限制，保证每个层次的学生都有平等的机会接受继续教育，鼓励终身学习、自我学习。

131

---

① 只有经过国务大臣认定的少数教会学校或男（女）校例外。

4. 日本的经验

日本的义务教育制度发展经历了一百多年的历史,其间贯穿着教育公平和均衡发展思想。1886 年,日本颁布《小学法令》,以法律的形式确立了义务教育制度,规定义务教育年限为 4 年。1900 年颁布《改正小学法令》,免除小学学费,对贫困儿童实施补助,对义务教育实行免费制度。1907 年出台《再次改正小学法令》,将义务教育年限延长至 6 年,明确规定义务教育经费由国库补助。1941 年日本政府颁布《国民学校令》,规定将义务教育年限延长至 8 年。"二战"后的十年,日本政府先后颁布了《教育基本法》《学校教育法》《偏僻地区教育振兴法》等法案以及《教师资格鉴定合格证书》的制度,旨在促进教育机会均等,消除地区间的不均衡。之后,为了解决由于过分强调形式上的平等和均衡所造成的学力低下、竞争力差等问题,适应个性化学习需求、提高教育质量,日本政府进行了新一轮的教育改革,在 2005 年 10 月发布的咨询报告《创造新时代的义务教育》的思想指导下,先后于 2006 年修订了《教育基本法》、2007 年修订了《学校教育法》,推行"中高一贯制学校"、自由择校制、学力评价以及弹性化课程等教育改革,促进日本义务教育向"公平而卓越"的目标发展。

5. 韩国的经验

自 1946 年颁布《义务教育实施计划》开始,韩国开始了义务教育的普及和均衡发展历程。1948 年,韩国以立法的形式,将义务教育平等、免费的原则在《大韩民国宪法》中明确下来,并于 1949 年和 1952 年颁布的《教育法》和《教育法实施令》中规定了义务教育年限、国库负担教师工资以及地方政府通过税收来保障义务教育经费等内容。到 20 世纪 70 年代,韩国已经实现了 6 年制义务教育全面普及的目标,并在 1979 年实施了小学教材全免费供应。此间,政府出台一系列保证义务教育经费的法令,如《义务教育财政交付金法》《地方教育财政交付金法》和《岛屿僻地教育法》等,确保免费的义务教育覆盖到每一个地区和学校的儿童。韩国政府于 1984 年修订《教育法》,于 1985 年颁布《关于实施初中义务教育的规定》,将义务教育的年限延长至 9 年,采取分地区、分阶段的办法,从偏远地区和岛屿开始,逐步向城镇实施初中免费义务教育。为此,2005 年韩国修订了《地方教育财政交付金法》和地方教育自治的相关法律,明确了国库和地方财政在教育经费中的承担比例和原则。21 世纪以来,面对全球化、信息化时代对人才的要求,韩国义务教育理念开始从关注"平等"转向"卓越",制定了一系列的教育改革方案和教育发展规划,倡导多样化、个性化和差异化的教育理念,谋求实质上的教育平等。

6. 新加坡的经验

新加坡是一个城市岛屿国家,其世界领先的教育质量和适应社会变化的能力独树一帜。自 1959 年以来,新加坡教育大体经历了四个发展阶段:基础教育普及阶段、质量提升阶段、因材施教阶段和以学生为本的价值驱动教育阶段(OECD, 2016)。这四个发展阶段的教育发展模式和教育政策是与新加坡的经济发展水平、经济增长方式和人才结构的需求相一致的。在 1978 年以前,新加坡主要推行"生存驱动"的教育制度,取消了以种族来划分学校,小学阶段实行免费教育,持续加大教育投入(平均教育支出占财政预算的比例超过 20%),普及基础教育,强调数学、科学和其他技术类课程的学习。1979 年新加坡实行教育改革,从基础教育开始实施精英教育,采取因材施教的教育分流制度。新加坡的教育分流分别在小学四年级末和升入中学之后进行,根据学生的统考成绩分班,为不同学习能力和兴趣的学生设置不同的课程内容。1984 年教育部设立了"天才教育计划",从小学三年级选拔有超常潜力的学生参加此计划,给他们提供专门课程以培养其创造力。教育分流制度成功造就了一批精英人才,为新加坡在 20 世纪 80 年代的经济腾飞作出了贡献,但也因过早引入竞争而使得基础教育过分重视分数,而且评价标准单一,影响了创造力和批判性思维的建立。

为了进一步普及基础教育,2000 年新加坡国会通过《义务教育法》,并于 2003 年正式实施该法案。《义务教育法》规定 6～15 岁的学生有接受教育的义务,一些特殊情况的例外,其他的违反义务教育规定的行为将受到不超过 5 000 新元的罚款或/且为期 12 个月的监禁。随着知识经济的兴起,新加坡意识到与世界各国的竞争最终是创新力和创造力的竞争。新加坡总理提出了"思考型学校,学习型国家"的教育理念。为了达到这一目标,新加坡增加了课程的灵活性和多样性,鼓励学校和老师开展创意教学,在信息和通讯领域大量投资,催生了新型的学习模式。2008 年新加坡宣布废除小学教育分流制度,采用更为灵活和开放的方式实行因材施教(ability based education),通过扩大优秀生的培养范围和增加学校在艺术、体育等专长项目的资金,发掘更多有潜能的学生,培养他们的专长。新加坡还给予学校充分的自主权,鼓励学校之间进行合作和交流学习。

近年来,新加坡的教育日趋灵活和多样化。在"思考型学校,学习型国家"的愿景之下,新加坡提出了"21世纪能力和学习效果框架",用于指导青年学生发展符合21世纪需求的能力和价值取向。在这个框架下,新加坡的学校和教师更为注重培养学生的学习能力和社会责任感。

三、面向未来的教育

纵观世界,越来越深入的全球化、日新月异的技术以及急剧变化的社会对教育提出了更高的要求。获得一个学位或学历,一生只从事一到两种职业的传统时代已经过去了,互联网时代的人才培养模式不再仅限于知识和技能的传授,而是面向未来的适应力、灵活性以及自我认知和探究能力的培养,教会学生如何利用所学的知识来解决问题。因此,学校提供给学生的课程也要作出相应的调整和变革,帮助学生快速适应新的技术、新的商业模式以及新的工作方式的变化。目前,国际上对学校乃至一个国家的教育体系的教育价值主要从以下几个方面来评价,即宽容度,个人、社会和环境责任感,尊重,正义,公平和自我认知(OECD,2016)。面向未来的教育离不开公平和正义等基本的价值观,同时要增加社会和环境责任感以及自我认知的权重,以应对变革时代的要求。

根据OECD的研究显示,大约有65%的学生未来将要从事目前还未发明的工作。在一个充满变革和竞争的时代,成为一个终身学习者的重要性不言而喻,这也是决定一个人事业成功与否的关键。终身教育强调人的一生必须持续地接受教育和学习,不断地更新知识,以适应时代的变化。终身教育的核心理念是贯穿一生的自我学习、与时俱进,强调人的全面发展过程中所受到教育的总和,包括了正规和非正规教育。终身学习者要学会不断从内部和外部获得资源来构建自己的知识体系,包括对自我学习能力的认识和评价、自律能力以及获取新知识和技能的决心,也包括学会有效利用公共教育、互联网教育、在职培训等多种教育资源为自己服务。

鉴于科技对经济增长和社会发展的影响巨大,科学素养对解决复杂的社会和环境问题尤为重要,OECD 在 2015 年"国际学生评估项目"(Program for International Student Assessment,PISA)测试中把科学作为重点,以成员国(也包括部分非成员国)义务教育阶段末期的 15 岁学生为对象进行教育结果测评。PISA 主要测试学生的阅读素养、数学素养及科学素养。这些素养反映了学生是否会运用已学知识、态度和技能去解决不同情境中的问题。评价方式除了认知测验外,还包括问卷调查,用以收集有关学校、学生和教师的背景信息。PISA 测试从 2000 年开始,每三年举行一次。2015 年总共有 72 个国家和地区的大约 540 000 名学生参加了 PISA 测试,代表了大约 2 900 万名 15 岁学生。2015 年的 PISA 测试结果显示,三项测试平均得分最高的国家是新加坡,接下来是日本、爱沙尼亚、芬兰和加拿大,中国内地①名列第十。这个结果反映了我国在科学教育方面与先进国家之间的差距。在做三项测试的同时,OECD 还对各国和地区的教育公平进行了评价。报告显示,2015 年加拿大、丹麦、中国香港和中国澳门在教育公平方面名列世界前茅,社会经济状态与学生成绩之间的关系有所减弱。从 OECD 国家的平均情况来看,在社会经济条件上弱势的学生达不到科学素养及格水平的可能性为优势学生的 3 倍,但有 29% 的弱势学生表现出了很强的适应力——他们能够战胜命运,取得好的成绩。在给定社会经济条件下,移民学生普遍比非移民学生在科学素养上的表现差,但有 24% 的移民学生成绩仍然很优秀。总之,PISA 作为一项国际公认的教育结果评价体系,反映各国学生能否掌握参与社会所需要的知识与技能,以及各国为推进教育公平所做的努力和成效,为更好地发展面向未来的教育提供支持。

　　未来教育的最大特点是个性化和均等化,教学模式也将从传统的"你说我听"和"以老师为中心"的课堂教学转向以学生为中心的差异化教学。"翻转课堂"的理念正在被越来越多的人所接受。所谓"翻转课堂"是一种打破课堂常规,将教学时间和课后作业、讨论答疑时间颠倒过来,以学生的个性化需求为中心的教学模式。在这种教学模式下,学生利用课后时间观看教学视频、阅读教材、查阅资料,教师在课堂上答疑解惑,通过提问、讨论等方式帮助学生厘清学生不懂的内容,采用互动协作法来满足学生的需求和促进他们的个性化学习。

135

---

① 由北京、上海、江苏、广东地区组成的中国内地联合体,简称 B-S-J-G(中国)。

"翻转课堂"其实是在线教育和线下课堂的混合式课堂,这种教学模式让学生的学习更加主动、灵活,让教师能关照到每个学生的学习进度和学习效果,与学生能及时沟通,让课堂内容的组织变得透明而高效。教师和学生之间、学生与同伴之间的互动促进了知识的吸收和内化。

2007年,美国科罗拉多州一所高中的两位化学老师博格曼(Jonathan Bergmann)和萨姆(Aaron Sams)实践并推广"翻转课堂"教学模式,之后世界各国掀起了一阵讨论"翻转课堂"的热潮。正如他们在《翻转课堂与慕课教学:一场正在到来的教育变革》一书里所说的那样,无论是慕课还是翻转课堂,或者其他借助技术工具所做的教育创新,最终是为了让学习的主动权回到学生手里,激发学生自主学习的热情,"促使他们在这种互动式、富于交流的环境中更深入地学习"。

可以想象,未来的教育将比历史上的任何时候都更接近人性。从形式上看,以科技互联网驱动的未来的教育是对传统教育的一种颠覆。借助互联网、数字技术、人工智能等科技力量,未来的教育将从统一化、标准化、集中式的传统模式变成与个性化发展匹配、崇尚自由创意的新型模式。其实,面向未来的教育不过是通过技术实现了教育的回归。传统教育的核心理念是人的平等自由发展。我国自古以来就有"有教无类""因材施教"的思想,然而在没有互联网技术之前,这些思想只能是昂贵的理想,无法付诸实施。技术进步和全球开放合作的潮流,推动了教育的个性化和均等化,可以使教育回归到尊重人性、个性的本质,真正实现无地域限制、无歧视及低成本的教育普及,使古代哲人们的教育思想有可能成为现实。

总　结

教育是立国之本,对个人来说,教育也是生存和发展之本。理想的教育应该是让社会中的每个人各尽所能、各得其所。在一个充满摩擦、信息不对称、财富不均的社会里,达到公平和均衡的教育理想显然是一个遥不可及的幻想。然而,互联网时代的到来,幻想有可能成为现实。互联网、数字技术、大数据、云计算……日新月异的技术进步催生了一个"平坦而光滑"的世界,在这个世界里,交易费用几乎可以为零,信息的分享和传递极其容易,知识可以轻易地跨越地域的限制,到达世界的每一个角落,惠及每一个人,无论其肤色、种族和阶层。毫不夸张地说,"互联网＋教育"是教育可能接近公平和均衡发展理想的有效途径。

　　世界各国在促进义务教育均衡发展的道路上,虽政策各异,具体做法上也各具特色,但都遵循一个普遍的均等化规律:首先做到数量均衡,从教育机会公平开始,普及基础教育,逐步过渡到重视质量和个性化发展的高级均衡。这些国家的经验告诉我们,教育需适度超前经济和社会的发展水平。未来社会对人才的需求趋向创意和解决问题的能力,未来的教育也必将发生与此趋势相适应的变革。

附录 调查问卷

　　小朋友您好！非常感谢您参与此次调研。您的答案无对错之分,请在您认为合适的选项上打钩(√)即可。我们会对问卷严格保密,问卷信息只用于统计分析,不涉及任何个人隐私和学校机密。谢谢支持!

＊＊＊＊＊＊＊＊＊＊＊＊＊＊＊＊＊＊＊＊＊＊＊＊＊＊＊＊＊＊＊＊＊

性别:
　A. 男　　B. 女
年级:
　A. 一年级　B. 二年级　C. 三年级　D. 四年级　E. 五年级　F. 六年级
你出生在南京市吗?
　——如果不是,是出生在哪里_____
你搬过家吗?
　——有的话,是从哪里搬到哪里的_____

你转学过吗?
　——有的话,以前在哪个(或哪些)学校上学的_____
你现在和谁住在一起(可多选)?
　A. 爸爸　　B. 妈妈　　C. 爷爷　　D. 奶奶　　E. 其他人_____
请在每个问题后的数字中选择一个数字表示您在多大程度上同意下列说法

	完全不同意	不同意	中立	同意	完全同意
我每天都能见到爸爸妈妈	1	2	3	4	5
爸爸妈妈会经常辅导我学习	1	2	3	4	5
我很喜欢我的学校	1	2	3	4	5
我在学校的学习很快乐	1	2	3	4	5
我的成绩很好	1	2	3	4	5
我遵守学校纪律	1	2	3	4	5
我喜欢参加班级的集体活动	1	2	3	4	5
我是班干部	1	2	3	4	5
我上课时经常主动发言	1	2	3	4	5
同学们都对我很友善,我们经常一起玩	1	2	3	4	5
我很喜欢我的老师	1	2	3	4	5
老师很关注我	1	2	3	4	5
老师经常表扬我	1	2	3	4	5
我不想上学	1	2	3	4	5

参考文献

［1］蔡禾,曹志刚.2009.农民工的城市认同及其影响因素——来自珠三角的实证分析[J].中山大学学报(社会科学版),(1):148-158.

［2］陈武平.2000.公共产品成本的一种分配机制及其实验验证[J].厦门大学学报(哲学社会科学版),(1):70-74.

［3］陈映芳.2005."农民工":制度安排与身份认同[J].社会学研究,(3):119-132,244.

［4］陈友华,方长春.2007.社会分层与教育分流:一项对义务教育阶段"划区就近入学"等制度安排公平性的实证研究[J].江苏社会科学,(1):229-235.

［5］陈峥.2011.英国义务教育福利化的历史发展[J].湖南师范大学教育科学学报,(3):36-39.

［6］程红艳,付俊.2007.关于基础教育均衡发展的七个问题辨析[J].教学与管理,(31):6-8.

［7］程仙平.2011.城乡文化差异与城市农民工子女学校融入问题探析[J].教育理论与实践,(35):7-9.

［8］丁菊红,邓可斌.2008.政府偏好、公共品供给与转型中的财政分权[J].经济研究,(7):78-89.

［9］杜育红,袁玉芝.2016.教育中的同伴效应研究述评:概念、模型与方法[J].教育经济评论,(3):77-91.

［10］段云华.2013.美国义务教育均衡的财政变革及启示[J].湖北大学学报(哲学社会科学版),(4):120-124.

［11］高明华.2013.教育不平等的身心机制及干预策略——以农民工子女为例[J].中国社会科学,(4):60-80,205-206.

［12］高洋,彭友.2007.促进基础教育公平的新公共管理对策研究[J].成都师范学院学报,(7):9-10.

［13］顾月华.2004.基础教育均衡发展的实质及其实施[J].教育发展研究,(5):11-13.

［14］贺京同,郝身永,那艺.2013.论行为经济学的理论内核与其"支离破碎"的表象[J].南开学报(哲学社会科学版),(2):139-149.

［15］姜新旺.2005.基础教育价格的决定及其分担[J].教育与经济,(4):45-49.

［16］金雅清,查道林.2013.进城农民工子女义务教育经费保障问题研究——基于教育券视角[J].特区经济,(2):82-84.

［17］孔凡琴,邓涛.2007.日、美、法三国基础教育师资配置均衡化的实践与经验[J].外国教育研究,(10):23-27.

［18］李春玲.2003.社会政治变迁与教育机会不平等——家庭背景、制度因素对教育获得的影响(1940—2001)[J].中国社会科学,(3):86-98.

［19］李春玲.2004.社会阶层的身份认同[J].江苏社会科学,(1):108-112.

［20］李水山.2008.日韩两国实行教育公平的历史、理念、政策和改革方向[J].职业技术教育,(7):80-85.

［21］李文英,史景轩.2010.日本义务教育均衡发展的实现途径[J].比较教育研究,(9):38-42.

［22］李文英.2004.战后日本振兴偏僻地区教育的措施及其启示[J].教育研究,(12):74-79.

［23］李郁芳.2005.政府公共品供给行为的外部性探析[J].南方经济,(6):21-23.

［24］连伟锋,陈玥.2011.芬兰基础教育均衡发展的特色及其启示[J].教育与教学研究,(10):426.

［25］梁荣华.2011.权威主义的变迁与韩国教育政策的制定——以20世纪60年代以来为中心[J].外国教育研究,(8):21-27.

［26］梁雪峰,乔天文.2006.城市义务教育公平问题研究——来自一个城市的经验数据[J].管理世界,(4):48-56.

［27］林钧.2006.日本义务教育立法及其发展对我国的启示[J].太原师范学院

学报(社会科学版),(6):122-123.

[28] 刘志军,王振存.2012.走向高位均衡:基础教育改革与发展的应然追求[J].教育研究,(3):35-40.

[29] 陆铭,张爽.2007."人以群分":非市场互动和群分效应的文献综述[J].经济学(季刊),(3):991-1020.

[30] 罗刚.2008.新加坡基础教育均衡政策的分析[J].现代教育论坛,(11):38-42.

[31] 马良.2007.流动人口子女学校教育的调查和分析[J].教育发展研究,(6):56-61.

[32] 乔雪峰.2012.断裂还是承接?——芬兰基础教育改革的路径选择及其启示[J].外国教育研究,(1):3-9.

[33] 曲创,臧旭恒.2004.消费的机会成本与公共物品的有效供给[J].消费经济,(4):3-6.

[34] 曲正伟.2010.秩序的扩展:2010.改革开放三十年我国教育政策的演进路径[J].教育理论与实践,(4):21-24.

[35] 任翠英.2008.韩国义务教育改革的特色及保证[J].教育理论与实践,(9):48.

[36] 萨尔曼·可汗.2014.翻转课堂的可汗学院(互联时代的教育革命)[M].杭州:浙江人民出版社.

[37] 石长慧.2012.文化适应与社会排斥——流动少年的城市融入研究[J].青年研究,(4):57-68,95.

[38] 孙兴华,马云鹏.2014.兼具深度广度:新加坡基础教育改革的启示[J].外国教育研究,(6):68-78.

[39] 汤敏.2015.慕课革命:互联网如何变革教育[M].北京:中信出版社.

[40] 汪丁丁.2001.探索面向21世纪的教育哲学与教育经济学[J].高等教育研究,(1):35-40,48.

[41] 汪丁丁.2003.行为、意义与经济学[J].经济研究,(9):14-20,92.

[42] 汪丁丁.2012.行为经济学与广义选择算子——《行为经济学讲义》导读[J].社会科学战线,(2):67-74.

143

［43］王军.2005.试论公共财政框架下的基础教育供给[J].山东社会科学,
　　　(11):80.

［44］王廷惠.2004.美国监狱私有化原因研究[J].财贸经济,(9):76-80,96.

［45］王小章.2009.从"生存"到"承认":公民权视野下的农民工问题[J].社会
　　　学研究,(1):121-138,244-245.

［46］文军.2005.论我国城市劳动力新移民的系统构成及其行为选择[J].南京
　　　社会科学,(1):54-58.

［47］谢建社,牛喜霞,谢宇.2011.流动农民工随迁子女教育问题研究——以珠
　　　三角城镇地区为例[J].中国人口科学,(1):92-100,112.

［48］翟博.2008.教育均衡论:中国基础教育均衡发展实证研究[M].北京:人
　　　民教育出版社.

［49］翟博.2008.树立科学的教育均衡发展观[J].教育研究,(1):3-9.

［50］张维迎.1996.所有制、治理结构及委托——代理关系——兼评崔之元和周
　　　其仁的一些观点[J].经济研究,(9):3-15,53.

［51］张翼.2004.中国人社会地位的获得——阶级继承和代内流动[J].社会观
　　　察,(9):59.

［52］郑磊.2015.教育中的社区效应和同伴效应:方法、证据及政策启示[J].教
　　　育学报,(5):99-110.

［53］植草益.1992.微观规制经济学[M].朱绍文,译.北京:中国发展出版社.

［54］周彬.2008.论基础教育办学体制改革中的政策选择[J].国家教育行政学
　　　院学报,(3):3-8.

［55］朱德全,李鹏,宋乃庆.2017.中国义务教育均衡发展报告——基于《教育
　　　规划纲要》第三方评估 1 的证据[J].华东师范大学学报(教育科学版),
　　　(1):63-77,121.

［56］Afridi F, Li S, X, Ren Y, 2010. Social identity and inequality: the
　　　impact of China's hukou system[J]. Journal of Public Economics,123:
　　　17-29.

［57］Akerlof G A, Kranton R E. 2008. Identity, supervision, and work
　　　groups[J]. American Economic Review, 98(2): 212-217.

［58］Akerlof G A. 1982. Labor contracts as partial gift exchange［J］. Quarterly Journal of Economics, 97(4): 543-569.

［59］Akerlof G, Kranton R. 2000. Economics and identity［J］. The Quarterly Journal of Economics, 115(3): 715-753.

［60］Akerlof G, Kranton R. 2002. Identity and schooling: some lessons for the economics of education［J］. Journal of Economic Literature, 40(4): 1167-1201.

［61］Alesina A, Baqir R, Easterly W. 1999. Public goods and ethnic divisions［J］. Quarterly Journal of Economics, 114(4):1243-1284.

［62］Allen J P, Pianta R C, Gregory A, et al. 2011. An interaction-based approach to enhancing secondary school instruction and student achievement［J］. Science, 333(6045): 1034-1308.

［63］Arcidiacono P, Aucejo E M, Fang H, et al. 2011. Does affirmative action lead to mismatch? A new test and evidence［J］. Quantitative Economics, 2(3): 303-333.

［64］Argy F. 2016. Equality of opportunity in Australia: myth and reality［R］. The Australian Institute, Discussion Paper Number 85.

［65］Avery C. 2013. Evaluation of the college possible program: results from a randomized controlled trial［R］. NBER Working Paper 1956.

［66］Balafoutas L, Sutter M. 2012. Affirmative action policies promote women and do not harm efficiency in the laboratory［J］. Science, 335 (6068): 579-582.

［67］Ball S, Eckel C, Grossman P J, et al. 2001. Status in markets［J］. Quarterly Journal of Economics, 116(1): 161-188.

［68］Becker G S, Casey B M. 1997. The endogenous Determination of time-preferences［J］. Quarterly Journal of Economics, 112(3): 729-758.

［69］Becker G S. 1971. The Economics of Discrimination［M］. Chicago: University of Chicago Press.

［70］Bettinger E, Robert S. 2007. Patience among children［J］. Journal of

Public Economics, 91(1-2): 343-363.

[71] Bowden M P, Doughney J. 2010. Socio-economic status, cultural diversity and the aspirations of secondary students in the western suburbs of Melbourne, Australia[J]. Higher Education, 59(1): 115-129.

[72] Bramoulle Y, Djebbari H, Fortin B. 2009. Identification of peer effects through social networks[J]. Journal of Econometrics, 150(1): 41-55.

[73] Bramoulle Y, Habiba D, Bernard F. 2009. Identification of peer effects through social networks[J]. Journal of Econometrics, 150(1): 41-55.

[74] Buchanan J M. 1965. An economic theory of clubs[J]. Economica, 32(125): 1-14.

[75] Burke M A, Sass T R. 2013. Classroom peer effects and student achievement[J]. Journal of Labor Economics, 31(1): 51-82.

[76] Cairns R B, Leung M. 1995. Friendships and social networks in childhood and adolescence: fluidity, reliability and interrelations[J]. Child Development, 66: 1330-1345.

[77] Calsamiglia C, Franke J, Rey-Biel P. 2013. The incentive effects of affirmative action in a real-effort tournament[J]. Journal of Public Economics, 98: 15-31.

[78] Camerer C F. 1998. Bounded rationality in individual decision making[J]. Experimental Economics, 1(2): 162-183.

[79] Charness G, Dufwenberg M. 2006. Promises and partnership[J]. Econometrica, 74(6): 1579-1601.

[80] Charness G, Rabin M. 2002. Understanding social preferences with simple tests[J]. Quarterly Journal of Economics, 117(3): 817-869.

[81] Chen Y, Li S X. 2009. Group identity and social preferences[J]. The American Economic Review, 99(1): 431-457.

[82] Christian T, Simon G. 2015. Peer effects and social preferences in voluntary cooperation: a theoretical and experimental analysis[J].

Economic Psychology, 48(5036): 72-88.

[83] Clark A, Frijters P, Shields M. 2008. Relative income, happiness, and utility: an explanation for the Easterlin paradox and other puzzles[J]. Journal of Economic Literature, 46(1): 95-144.

[84] Coate S, Loury G C. 1993. Will affirmative-action policies eliminate negative stereotypes[J]. The American Economic Review, 83(5): 1220-1240.

[85] Coleman J S, Campbell E Q, Hobson C J, et al. 1966. Equality of Educational Opportunity [M]. Washington, DC: US Government Printing Office.

[86] Connolly T. 1978. Micromotives and Macrobehavior[M]. New York: Norton: 369.

[87] Dandy J, Nettelbeck T. 2002. The relationship between IQ, homework, aspirations and academic achievement for Chinese, Vietnamese and Anglo-Celtic Australian school children [J]. Educational Psychology, 22(3): 267-275.

[88] Demsetz. 1992. The Private Production of Public Goods, Public Goods and Market Failure [M]. New Jersey: Transaction Publishers.

[89] Demurger S, Gurgand M, Li S, et al. 2009. Migrants as second-class workers in urban China? A decomposition analysis [J]. Journal of Comparative Economics, 37(4): 610-628.

[90] Ding W, Lehrer S F. 2007. Do peers affect student achievement in China's secondary schools[J]. The Review of Economics and Statistic, 89(2): 300-312.

[91] Eckel C C, Grossman P J. 2008. Chapter 57 differences in the economic decisions of men and women: experimental evidence[J]. Handbook of Experimental Economics Results, 1(7): 509-519.

[92] Eisenkopf G. 2010. Peer effects, motivation, and learning [J]. Economics of Education Review, 29(3): 364-374.

[93] Ellemers N, Rink F. 2005. Identity in work groups: the beneficial and detrimental consequences of multiple identities and group norms for collaboration and group performance[J]. Advances in Group Processes, 22: 1-41.

[94] Ellemers N, Spears R, Doosje B. 2002. Self and social identity[J]. Annual Review of Psychology, 53: 161-186.

[95] Ellingsen T, Johannesson M, Tjtta S, et al. 2010. Testing guilt aversion[J]. Games and Economic Behavior, 68(1): 95-107.

[96] Epple D, Romano R. 1988. Competition between private and public schools, vouchers, and peer-group effects [J]. American Economic Review, 88(1): 33-62.

[97] Epple D, Romano R. 1996. Ends against the middle: determining public service provision when there are private alternatives [J]. Journal of Public Economics, 62(3): 297-325.

[98] Epple D, Romano R. 2000. Public school choice and finance policies, neighborhood formation, and the distribution of educational benefits [R]. Working Paper, University of Florida.

[99] Fehr E, Camerer C F. 2007. Social neuroeconomics: the neural circuitry of social preferences[J]. Trends Cognitive Science, 11: 419-427.

[100] Fehr E, Fischbacher U. 2002. Why social preferences matter—the impact of non-selfish motives on competition, cooperation and incentives[J]. Economic Journal, 112: 1-33.

[101] Fehr E, Schmidt K M. 1999. A theory of fairness, competition and cooperation[J]. Quarterly Journal of Economics, 114: 817-868.

[102] Fershtman C, Gneezy U. 2001. Discrimination in a segmented society: an experimental approach[J]. Quarterly Journal of Economics, 116(1): 351-377.

[103] Fischbacher U. 2007. Z-tree: zurich toolbox for ready-made economic experiments[J]. Experimental Economics, 10(2): 171-178.

[104] Fliessbach K, Weber B, Tvautner P, et al. 2007. Supporting online material for social comparison affects reward-related brain activity in the human ventral striatum[J]. Science, 318(5): 1305-1308.

[105] Flynn J R. 1991. Asian Americans: Achievement Beyond IQ[M]. London: Psychology Press.

[106] Follmer H. 1974. Random economies with many interacting agents[J]. Journal of Mathematical Economics, 1: 51-62.

[107] Fryer R G, Jackson M O. Categorical cognition: a psychological model of categories and identification in decision making[R]. NBER Working Paper.

[108] Gneezy U. 2005. Deception: the role of consequences[J]. American Economic Review, 95(1): 384-394.

[109] Goldin C D, Katz L F. 1997. Why the United States led in education: lessons from secondary school expansion, 1910 to 1940[R]. NBER Working Paper.

[110] Greenwald A G, McGhee D E, Schwartz J L K. 1988. Measuring individual differences in implicit cognition: the implicit association test[J]. Journal of Personality and Social Psychology, 74(6): 1464-1480.

[111] Gregory M W, Geoffrey L C. 2011. A brief social-belonging intervention improves academic and health outcomes of minority students[J]. Science, 331(6023): 1447-1451.

[112] Gächter S, Fehr E. 2006. Fairness in the labour market? A survey of experimental results[R]. Social Science Electronic Publishing.

[113] Hannan R L, Kagel J H, Moser D V. 2002. Partial gift exchange in an experimental labor market: impact of subject population differences, productivity differences, and effort requests on behavior[J]. Journal of Labor Economics, 20(4): 923-951.

[114] Hanushek E A, Kain J F, Markman J M, et al. 2003. Does peer ability affect student achievement [J]. Journal of Applied Econometrics,

18(5): 527-544.

[115] Harris J R. 1995. Where is the child's environment? A group socialization theory of development[J]. Psychological Review, 102(3): 458-489.

[116] Holt C A, Laury S K. 2002. Risk aversion and incentive effects[J]. The American Economic Review, 92(5): 1644-1655.

[117] Hoxby C M, Weingarth G. 2005. Taking race out of the equation: school reassignment and the structure of peer effects[EB/OL]. http: // citeseerx. ist. psu. edu/viewdoc.

[118] Hoxby C M. 2000. Peer effects in the classroom: learning from gender and race variation[R]. NBER Working Paper No. 7867.

[119] Kahneman D, Tversky A. 1979. Prospect theory: an analysis of decisions under risk[J]. Econometrica, 47(2): 263-291.

[120] Kahneman D. 2003. Maps of bounded rationality: psychology for behavioral economics[J]. American Economic Review, 93(5): 1449 - 1475.

[121] Kremer M, Levy D. 2008. Peer effects and alcohol use among college students[J]. The Journal of Economic Perspectives, 22(3): 189-206.

[122] Lavecchia A M, Liu H, Oreopoulos P. 2015. Behavioral economics of education: progress and possibilities [R]. Social Science Electronic Publishing.

[123] Lavy V, Schlosser A. 2011. Mechanisms and impacts of gender peer effects at school [J]. American Economic Journal, 3(2): 1-33.

[124] Leigh A. 2007. Intergenerational mobility in Australia[J]. The B. E. Journal of Economic Analysis & Policy, 7(2): 1781.

[125] Lou Y, Abrami P C, Spence J C, et al. 1996. Within-class grouping: a meta-analysis[J]. Review of Educational Research, 66(4): 423-458.

[126] Lu Z, Song S. 2006. Rural-urban migration and wage determination: the case of Tianjin, China[J]. China Economic Review, 17(3): 337 -

345.

[127] Manski C F. 1993. Identification of endogenous social effects: the reflection problem[J]. The Review of Economic Studies, 60(3): 531-542.

[128] Nechyba T. 1999. School finance induced migration patterns: the impact of private school vouchers[J]. Journal of Public Economic Theory, 1(1): 5-50.

[129] Niederle M, Segal, C, Vesterlund L. 2013. How costly is diversity? Affirmative action in light of gender differences in competitiveness[J]. Management Science, 59(1): 1-16.

[130] OECD. 2011. PISA 2009 results: overcoming social background-equity in learning opportunities and outcomes (Volume II)[R].

[131] OECD. 2016. Education at a glance 2016[EB/OL]. http://www.oecd.org/education.

[132] OECD. 2016. PISA 2015 results: Volume I: excellence and equity in education; Volume II: policies and Practices for successful schools[R].

[133] Pallas A M, Entwisle D R, Alexander K L, et al. 1994. Ability-group effects: instructional, social, or institutional? [J]. Sociology of Education, 67: 27-46.

[134] Rabin M. 1993. Incorporating fairness into game theory and economics[J]. The American Economic Review, 83(5): 1281-1302.

[135] Rabin M. 2002. A perspective on psychology and economics [J]. European Economic Review, 46: 657-685.

[136] Rand D G, Pfeiffer T, Dreber A, et al. 2009. Dynamic remodeling of in-group bias during the 2008 presidential election[J]. PNAS, 106: 6187-6191.

[137] Rayo L, Becker G. 2007. Habits, peers, and happiness: an evolutionary perspective[J]. American Economic Review, 97(2): 487-491.

[138] Rieskamp J, Busemeyer J R, Mellers B A. 2006. Extending the bounds of rationality: evidence and theories of preferential choice[J]. Journal of Economic Literature, 44(3): 631-661.

[139] Sacerdote B. 2001. Peer effects with random assignment: results for Dartmouth: Roommates[J]. Quarterly Journal of Economics, 116(2): 681-704.

[140] Salamon L M. 1944. The rise of the nonprofit sector[J]. Foreign Affairs, 73(4): 109-122.

[141] Samuelson P A. 1955. Diagrammatic exposition of a theory of public expenditure[J]. Review of Economics and Statistics, 37: 350-356.

[142] Sander R. 2004. A systemic analysis of affirmative action in American law schools[J]. Stanford law review, 57(2): 367-483.

[143] Scheinkman J. 2006. The new palgrave dictionary of economics [EB/OL]. http: //www. nber. org/chapters/c10105. pdf.

[144] Schelling T. 1971. Dynamic models of segregation[J]. Journal of Mathematical Sociology, 1: 143-186.

[145] Schotter A, Weigelt K. 1992. Asymmetric tournaments, equal opportunity laws, and affirmative action: some experimental results[J]. The Quarterly Journal of Economics, 107(2): 511-539.

[146] Shih M, Pittinsky T L, Ambady N. 1999. Stereotype susceptibility: identity salience and shifts in quantitative performance [J]. Psychological Science, 10(1): 80-83.

[147] Slonim R, Guillen P. 2010. Gender selection discrimination: evidence from a trust game[J]. Journal of Economic Behavior & Organization, 76(2): 385-405.

[148] Tiebout C M. 1956. A pure theory of local expenditures[J]. The Journal of Political Economy, 64(5): 416-424.

[149] Veblen T. 1953. The theory of the leisure class: an economic study of institutions[J]. The Modern Library, 8(3): 369-374.

[150] Wang F, Zuo X. 1999. Inside China's cities: institutional barriers and opportunities for urban migrants [J]. American Economic Review, 89(2): 276-280.

[151] Whalley J, Zhang S. 2007. Anumerical simulation analysis of (Hukou) labour mobility restrictions in China [J]. Journal of Development Economics, 83(2): 392-410.

[152] Zhang H F. 2010. The Hukou system's constraints on migrant worker's job mobility in Chinese cities[J]. China Economic Review, 21: 51-64.

[153] Zimmerman D. 2003. Peer effects in academic outcomes: evidence from a natural experiment[J]. Review of Economics and Statistics, 85(1): 9-23.